五停心·四念处

圣严法师 著

華夏出版社
HUAXIA PUBLISHING HOUSE

图书在版编目（CIP）数据

五停心·四念处／圣严法师著．－北京：华夏出版社，
2011.2
ISBN 978-7-5080-6277-8
Ⅰ．①五…　Ⅱ．①圣…　Ⅲ．①佛教－人生哲学－通俗读物
Ⅳ．①B948-49

中国版本图书馆 CIP 数据核字（2011）第 015658 号

责任编辑：陈　默　罗　庆
图书策划：安凤影　梅　子
出版发行：华夏出版社
（北京市东直门外香河园北里 4 号　邮编：100028）
经　　销：新华书店
印　　刷：北京龙跃印务有限公司
装　　订：北京龙跃印务有限公司
版　　次：2017 年 7 月北京第 2 次印刷
开　　本：880×1230　1/32
印　　张：6.5
字　　数：61 千字
定　　价：25.00 元

序 言

李连杰

今生认识圣严法师，是十分值得感恩的善缘。有幸写这一篇序，是希望众生能够感受到法师的悲智愿行。

1982 年，拍完电影《少林寺》后，我对佛法产生了极大的兴趣。

1997 年，因为一些特殊因缘，我开始大量阅读佛教书籍，其中汉传佛教书籍，几乎都是圣严法师的著作。

2003 年，我有幸与圣严法师当面谈了许久，聆听师父种种教诲，之后还受邀参加他在美国举办的“默照禅”训练营。

那次训练是颇为奇妙的体验：头一次感受止语的宁静，晚上几十个人一起睡在地板上，白天也是一起吃饭、上厕所，很多酸甜苦辣。但十天下来，我对佛法更加充满信心。在师父的点拨下，我也更加清晰：要向内心深处寻找，佛性就在我们心中。

师父常常教诲，当今人人都在提环保，但除了外在环境，心灵也需要环保。科技时代，生活中充斥着大量信息，如果不做清理，身体也会出现很大障碍。师父的“心灵环保思想”，正是基于此而提出的。我也有幸参与了师父发起的“内在的环保”活动。

师父圆寂，我匆匆从巴西赶回。走进法鼓山，看到五万多人排队上山，共同唱念“阿弥陀佛颂”，那种庄严与肃穆，我一生难忘。

人生匆匆，我们只是过客，重要的是作为一个过客，该如何发出光来，照亮他人，利益他人，服务他人，照顾他人，唤醒他人心中的佛性与智慧。

我一心祈福着，有生之年尽我所能照亮众生；我一心祈福着，众生安康，离苦得乐；我一心祈福着，天下众生自在生活，寻找到生命中的慈悲与智慧。

一心祈福，法鼓长鸣。

编者序

圣严法师教禅、讲禅、写禅，二十多年来足迹已广遍东西方世界各地，出版了二十册以上与禅相关的中英文著作，并陆续被翻译成意大利文、西班牙文、葡萄牙文、德文、波兰文、越南文、俄文等多种文字，接引无数人进入禅法的大门。如今说到要学习禅法，特别是中国禅宗，便不能不看圣严法师的禅修著作。

圣严法师在《禅钥》一书序文中自述："我的宗旨，是将正统禅修的观念及禅修的方法，透过通俗易懂的文字，分享给有缘的现代大众。"因此，圣严法师讲授禅法，便能在深厚的修行基础、广博的学养背景下，贴近着现实人间的实际生活，介绍实用、易懂、健康，而且层次分明的禅修理论及方法，使得不同年龄、性别、职业层次、教育程度的社会大众，都能分享得到禅法的利益。

尤其是，初学程度浅者，读了不觉得深奥难懂；老参程度深者，反复读了愈见其滋味与内涵，足见圣严法师高妙之处。

圣严法师有关禅修的篇章，都是先于《人生》杂志或《法鼓》杂志刊载，然后交由法鼓文化（原东初出版社）集结于“禅修指引”系列出版，少数则散见于法师的其他著作之中。

不过由于是以时间先后的顺序集结，所以各篇之间，只有思想与目标的统一性，并没有篇与篇之间的连贯性；而且面对法师如此丰厚的著作，一般人则不免望书兴叹，不知如何下手。于是我们生起了重新编辑这套书的念头，除了整理脉络、分出次第、书本规格，并特别采用小开本，以利随身携带，随时参阅。

这套书的编辑，是依修学的阶梯分为七册：《入门》、《观念》、《法脉》、《公案·话头》、《默照》、《五停心·四念处》、《活用》。除了主要篇章外，配合单本主题亦选录有“实践指南”、“祖师箴言”，内容都是圣严法师对经典、祖师语录等的精彩诠释。书后并提供其他相关参考篇章之篇目，以及关键字检索，帮助读者顺利、迅速进入圣严法师原始的著作，达到旁征博引、互相参照的目的。

这套书虽然取名为“禅修精华集”，但是圣严法师著作篇篇精华，让我们难以取舍，勉强只能说是一套原著的导读。既为初入门者提供一个方便的路子，先得梗概的全貌；也让已入门者，能够温故知新，时时自我检验。

因此，这是一套精致实用的好书，是修行路上的指引，更是菩提道上的明灯，值得您永远珍藏。

法鼓文化编辑室　谨识

目录
contents

【实践指南】怎样修持解脱道

附　录

第一章 五停心观修行法

简单地说，修五停心，

是为了平息、净化心的骚乱和混浊的

状态，使心念集中，以达正定。

前　言

佛教一向重视禅定的修习，不论在原始佛教、大乘显教、金刚乘密教，都有它们各自的禅修方法。其中共通而基本的修行法门，即为五停心和四念处。此两种方法于早期佛教论典便有记载，至今仍然沿用着。

简单地说，修五停心，是为了平息、净化心的骚乱和混浊的状态，使心念集中，以达正定。由五停心得定，进而观四念处开发智慧，此即解脱生死轮回之要道。

五停心的五种法门，虽然历来释义略有不同，但通常界定为：

一、数息观；

二、不净观；

三、慈悲观；

四、因缘观；

五、界分别观。

汉文的佛教典籍中，亦有以念佛观取代界分别观的。所有这些方法皆针对一般人深重难除的习气、障碍而设，如数息观对治散乱，不净观对治贪欲，慈悲观对治瞋恨，因缘观对治愚痴烦恼，界分别观对治我见，念佛观对治罪重及障深等人。止惑除障后，才能以纯净、专一而有信心愿心，更进一步修行。

数息观

梵语为“安那般那”（ānāpānā）。数息观是最普遍而基础的佛教禅定方法之一。不论小乘佛教、大乘佛教，皆视之为初学者最好的入门训练。因为数息观对治散心及妄心，而散心及妄心是每一个初学者必定会碰到的问题。

虽然如此，数息观并不只是一个粗浅的基础方法而已；因着每个人修习程度的不同，它可以由浅至深，含摄一套完整的解脱道进程。在中国佛教天台宗，讲述修禅的要典《六妙门》中，指出数息观的六种层次为：

（1）数呼吸——数；

（2）跟随呼吸——随；

（3）定或集中——止；

（4）识别——观；

（5）还；

（6）净——而所谓净，即是解脱或开悟的境界。

以下介绍三个基本的数息方法，大致等同于六妙门的前三门。即为：

（一）数息；

（二）随息；

（三）集中在身体上特别的一点或能量的中心，即中国传统所称的观丹田。

一、数息

数息就是计算呼吸的数目。一般而言，以数呼吸为主。把全部的注意力轻松地放在享受呼吸的感觉上面，每感觉到气自鼻孔出去的时候，数一个数目，到十为一个循环，数到十以后，再从一开始。

平常人的呼气较入气舒缓，时间也较长，所以把注意力放在呼气是较为容易的，而吸气的时候，则须了了分明地知觉气息的进入，保持着觉醒在每一次呼吸之时。若数息的功夫用上了，呼吸会渐渐变得缓慢而深长，甚至也不大感觉到气息的出入了，则可以进而用其他的方法，或者还是专心于呼吸的出入，但可不必计数。

有几个问题是初学者常常发生的，如数息时伴随着许许多多的妄想杂念，特别是在出息、入息的中间或是正在吸气的当儿。此时只要立刻把注意力从妄念上拉回来，继续数下去即可。另外，初学的人可能会头痛、头晕、呼吸困难，那是因为头脑紧张、求好心切，所以气上头部，无法自然地呼吸了。

呼吸应该是放松而自然的，数息的功夫要绵绵密密，但身心则是轻轻松松，不可刻意地控制呼吸或极力地想排除妄念，那会使得呼吸的速度愈来愈快，或者愈来愈紧迫，便造成更多的阻碍。

还有，数久了之后，初学者容易陷入一种机械化的数数目的情况，或者变成昏沉无记的状态。此时应奋起心力，使心境保持清明和醒觉。或可暂时改用倒数的方法，从十数到一；也可以跳着数，如

一、三、五……或二、四、六……直到二十。如果每次都数不到十就中断或忘失，也不必焦躁。

有的人妄想很多，可用出息与入息同时都数的办法，一个数目接着一个数目，以减少念头的滋生。但要注意呼吸仍要保持平均而自然才行。有的人蓄意使用腹式呼吸，其实，数自然呼吸稍久，横膈膜下降后，便成腹式的丹田呼吸。若故意控制，则不健康。

经行时亦可数息。把注意力放在同一只脚掌的举起、落下的知觉上，跨出一步时吸气，这脚再提起来时呼气，数一个数目，一到十为一循环。此方法亦可理解为跨出一脚时吸气，再跨另一脚时呼气，呼气同时数一数字。

经行时的呼吸亦可以不数数目，只要配合呼吸的出入，注意脚掌的起落即可。在妄念很多的时候，就加上数目，以自己觉得最自然的经行方式来数即可。

二、随息

随息可有三个阶段：

第一阶段

把注意力集中于鼻孔，清清楚楚地观照每一次呼吸的出与入，但不数数目。气息自鼻孔端部呼出去的时候，心中很清楚明白，气息自鼻孔端部吸进来的时候，也很清楚明白，念头随着呼吸的出入而紧紧地系在鼻孔上，不到其他地方去。这是随息的第一个阶段。

通常若是数息的方法已经用得不错，更进一步用随息方法的人，即能将呼吸的出入观得很好。另一种情况则是自己感觉非常疲倦了，没有办法集中心力来数呼吸，此时用随息，可能时而迷糊，时而清醒。

第二阶段

及因随息用得了力，呼吸渐渐深沉，吸气时直往下去，沉到丹田，小腹自然而然地有起伏的动作。切切要注意的是，不是故意地控制呼吸，不是把气往下逼，并用头脑指挥小腹起伏蠕动，那样做是不安全的，甚而对身体有害。若气是自然地沉到小腹去的，便没有问题。此时虽然知道小腹随着呼吸在动，注意力仍宜放在鼻端。有人已把数息数得好，在数息时，气已降到了小腹，到随息一开始，便已在用小腹呼吸了。

第三阶段

虽然仍是在用小腹呼吸，但在自己的感觉上，每吸一口气，会输送到全身，如同整个身体都在呼吸似的。每一条血管、每一支经脉、每一个细胞、每一个毛孔，连脚趾尖、手指头等，都在吸气似的，觉得极为舒畅。又好像在一间本来闷塞的房间里，当用抽风机，把室外的新鲜空气一抽进来，整个房间便充满了新鲜的空气；在吐气时，则似将身体里用过了的浊气通通排出去，也像房间内的废气全部被抽出去了一样。此时还是随息，但自己会觉得，随着气息的进出，全身上下，通体内外，就像一个气球般地充满气又放气，放完气又充气。而且不管充气也好，放气也好，都是在一次又一次地脱胎换骨，好享受、好舒服。如能持续这种状态，到最后一定能得轻安，轻安以后就会入定。所谓轻安即是身体非常的轻松安定，好像是一点点烦恼也没有了，一丝丝妄念也没有了，一些些障碍都没有了。这个时候，你的心念不在鼻孔，是在全身，随着呼吸的感觉而贯透到了全身。

一般打坐的人，为了使自己的注意力更为集中，常常会把呼吸气往外往内压挤。因为压气闭气的时候，妄念似乎会减少一些，也由于压气闭气的缘故，腹部便会一起一伏。这里要非常注意，如果随着气息的出与入而故意动自己的小腹，可能会有两种情况发生：

（1）会有小腹胀痛的现象；

（2）若是女性，也许会影响到经期的提早。

另外，在打坐的时候，有的人会感觉到身体发热或发冷。如果身体发热，应注意入息，不要注意出息，体外的空气较体内冷些，所以入息的感觉是凉的。反之，如果身体发冷，则应注意出息，出息是暖的。冷暖的感受在鼻孔，只要去感觉它和注意它，不一会儿，身体的情况便会改善。

还有人会觉得头部发晕发胀，那可能是因为注意力集中于额头部位的关系。如果只注意鼻孔的出入息，不会产生问题，可是由于吸气必定会经过脑门这个地方，很容易就会把注意力放到脑门的位置，加之由于自己太过于用力，因此会觉得头胀而痛。若有这种情形，宜暂时放下随息的方法，把注意力放到脚掌的中心。先观盘着腿的上面的一只脚掌心，注意力集中后再同时观两只脚的掌心。

观脚掌心，使得我们身体上半部的压力，慢慢地解放、松弛，把胀着头部的气导引到脚上去。这个时候，仍然是随息，但是渐渐地可能会感觉到，随着每一次的一呼一吸，脚掌心的部位会一涨一缩，仿佛胀大了一点。最初只是有个感觉在那里，但慢慢地会觉得暖，也有人觉得清凉。

观脚掌心是在身体不舒服时才用的方法，并不需要一直用。

三、观丹田

丹田，在佛教的天台智𫖮撰写的《释禅波罗蜜次第门》中另有一个名词，称为“气海”。修止的初门，共有身的五处：顶上、发际、鼻柱、脐间、地轮。脐间又名气海，是脐中之下关元之上的小腹部位，即是中国道家所称的丹田。观丹田并不是佛教专有的法门，而且用这个方法也达不到禅定的最终目的，但可以将之当做修定的基础。

丹田有三个：上丹田、中丹田、下丹田。上丹田，位于整个头面最中心的部分，即两眉的中间。中丹田，在胸部的两个乳头之间，横膈膜的上面。下丹田，则是肚脐眼下三横指处。通常说观丹田，即是将意念系缘于气海的位置，唯不可故意随着呼吸蠕动丹田，若丹田自然随着呼吸上下起伏，则是正常现象。

首先讲上丹田的观法。此即一般所称的眉心或印堂，是在注意力不易集中并且有昏沉感觉时，可以用此法，但观的时间不宜太长，以免头痛；或有得通的幻觉，似会向上飞升，也是不好的。刚开始先假想在眉间的地方有一个光点，像颗珍珠般，晶莹明亮，是很清凉的光。起先仅是米粒般的一点，然后渐渐地扩大，整个头部都变成光团，再继续从头往外发展，全身成为一个光团，你的存在就是光，其他都消失了，除了光没有余物。

其次，当我们胸部不舒服，呼吸不畅，身体虚弱而没有精神的时候，观中丹田，此在针灸穴位名为“膻中”。观中丹田时，想象它整个部位是一轮满月而不是身体。最先，在两乳头之间，画一个十字，于十字交叉点上观想有一轮满月，离我们好远好远，像是在太空之中一样。逐渐地，月亮愈来愈近，愈来愈大，大到中丹田的部分都是月亮，后来，甚至自己整个成了月亮，周围的环境也不见了。本来月亮在心里，结果自己消失在月亮里了。

至于下丹田的观法，男女有别，应特别留心。下丹田以脐下三指为中心，男性在作观时，不要低于肚脐眼下三个手指宽的距离，否则，观的部位太低，易产生生理上性欲的反应。女性则因为脐下三指处是近子宫的位置，若观久了，可能使得月经提早，或是在月经来时，直观它而导致流血不止。所以作观时，男性不要超过脐下三指，女性以观自己的肚脐为佳，或观肚脐眼下一或二指为宜，而且不要用专注的方式，当若有若无地系心该处。如果每天打坐的时间不超过一小时，或是早晚各坐一小时，观下丹田大致上仍是安全而容易摄心的好方法。

佛教把观丹田视为修止的初步方法（**系缘止**）里的一种，故在《释禅波罗蜜次第法门》中说，修成五种系缘止的方法之后，接着当修制心止及体真止，到第三种止，始开智慧。

观下丹田时，由于气向下沉，重心在下部，便能把所有的能量储蓄在这里，所以于人有很大的帮助。能够使得轻浮的人、紧张的人和讲话讲得很快的人，觉得稳重、沉着，也能使胆小而经常缺乏安全感的人，以及没有自信心的人，性格改善。智顗大师说："若系心脐下，脐是气海，亦曰中宫，系心在脐，能除众病，或时内见三十六物，发特胜等禅。"

下丹田观到稍得力时，可能会产生几种现象：首先是发暖，再则，这个暖的感觉会传到你的全身；暖流或向后通过肛门，顺着督脉从脊椎上达头顶；或从小腹，顺着任脉，向上经过胸口到达喉咙。若以舌舐上颚，便易接通督脉，道家即谓打通任督二脉，唯与发慧无关。

第二种现象，则是从小腹局部的温暖感，渐渐扩散到全身都觉得柔和的暖感。经过暖的阶段以后，身体所有的不舒服和紧张都没有了，最后连身体的负荷感也没有了，所以能治病健身；坐在那里，已经忘掉自己在做什么；但其享受轻安和舒服的感觉还在。

观丹田的极致是只能到这样的程度，它可使你获得到粗定的经验，故尚不知深定何味。就佛教而言，尚未到初禅定境的离生喜乐地。观上中下三种的任何一个丹田，到最后观成时，情况皆同，其中尤以中丹田和下丹田较易得定。

不净观

佛陀时代有两个基本而重要的修行方法，一是数息观，二是不净观，合称为二甘露门，即两种进入不死境界的灵药，一直至今日，小乘佛教地区仍普遍沿用此二教法。数息观已如前述，主要为对治我们的散心及昏沉心，现介绍可以帮助我们对治贪欲心，特别是淫欲心的不净观。

不净观即观身不净，观察我们的身体毕竟不清净，此法观成，能离五欲，故可得出世间禅。一般人之所以会有种种的烦恼，归根究底，在于执着自己的身体，以身体为我，所以产生许多的欲望和贪心。由于身体经常是在不满足的状态下生存：肚子饿了想吃、口渴了想喝、冷的时候想穿、热的时候希望凉爽……然而在没有饥、渴以前，就担忧、防备着即将来临的饥渴，因我们是常常会饿、会渴的。正是为了己身的饱暖、安全和舒适，必须积蓄更多的饮食、衣物、金钱、家产等，这种对身外物强烈的贪着心，便成了心理上沉重的负荷。同时，我们的身体，除了有饮食、衣物的基本需求，还有男女性欲的冲动，告子所谓“食色性也”，便是“饮食男女”，称为“人之大欲”。当吃饱了、穿暖了时，第三个淫欲的问题马上就会发生。一切的纠纷、烦恼，都是从身体而有的。因此，修不净观，即是针对此一妄执，对症下药，若能观成，便可以解脱烦恼。

在南传佛教地区，直到现代，尚有一些隐居山林的比丘，师父教弟子们修行这个方法的时候，如果要很快地、非常彻底地修成，往往会去募化一具尸首来让他观。因为不净观有两种，第一种是观他身不净，第二种是观自身不净。观自己比较不容易观成，总觉得自己没有什么不净的，所以要先观人，观他身不净成功了以后，再看自己，就容易了。

若是因缘巧合，修行者找到了一个濒死的信徒，而这个人和他的家属都愿意把遗体捐出来，供作修行不净观用的工具，等他死后，修行者就把尸体带到深山里，放下来，面对这个刚死不久的躯体打坐，并留心观察随后发生臭烂不净的种种变化。

慢慢地，尸体改变颜色了，先变成黄色，再变成青紫色、黑色，继而开始浮肿；肿了以后，经过日晒，就开始腐烂了，皮肤渐渐地裂开，一块一块、一条裂痕一条裂痕地裂开；于此同时，苍蝇群集而来，直到整个身体都给苍蝇盖满。随着旦、暮，晴、雨等天候的转变，苍蝇时来时去，并且在尸身的腐肉里产卵，因此尸身上就开始长出蛆来，这和露天厕所里的蛆一样，是很肥痴的，它们的嘴很尖，有点黑，钻爬起来动作很快，一钻一个洞，在腐肉里钻进钻出的；大概最容易看到它们钻动的地方，是鼻孔、两眼、双耳、嘴巴，和身上已经出孔、流水的裂缝中。到后来,整个死尸都被蛆虫占据、吃光了。

这时尸体的味道是非常臭的，死老鼠、死猫死狗的味道，想必各位都闻过，死人的臭味则比死老鼠、死猫狗，还要浓上千百倍！闻到这种臭味，你会不想吃东西，看到那种景象，你会想到身体是如此的不净，一向被贪恋的人体的色相、形容、威仪、言声、细滑及相貌，都是不净的，并且你也会想到自身死了也是这个样子。

继续观察下去，这个死尸啊，本来是膨胀了的，现在经过蛆虫一段时间的吸吮钻营，蛆又变成苍蝇了，苍蝇又产卵，于是有第二代、第三代的蛆在里头。死尸被蛆愈吃愈瘦，最后只看到摊在地上黑黑的一堆。如果没有遇到大风大雨的吹打，这个尸体就是脏脏的、枯枯的、焦焦的，像什么野兽的骨头堆。骷髅上面，身体还是连着的，但极为难看，面孔、五官完全没有了，皮也没有了，肉也没有了，只剩下尚未烂掉的筋骨。

遇到下大雨了，数日，或是一连数十天的雨季，干枯的死尸又再度腐烂，筋也腐烂了。等到皮、肉、筋全都烂掉，便现出白骨。这以后，愈看愈干净，愈看愈清爽，逐渐地就像在博物馆里所看到的骷髅标本一般。可是博物馆里的骨架子是完整的，这时修行者所见的骨头都是零散的，东一根西一根地散落在地上。

然后再继续看下去：有些细小的骨头，或被风化了，也可能给雨水冲走了，或是给什么小动物拖散了，只剩下几根粗大、干净的骨头。渐渐地，这些骨头也不再是骨头了，只见其洁白的颜色，然后，白色也不再是白色，从白色变成了白的光，而修行者四周的环境已消失不见，修行者自己就在这白光里头；接下来，甚至也感觉不到白光了，根本忘掉了环境，忘掉了自己的存在，已然入定了。

修行者在修不净观的时候，是不见人的，因为他身上也熏染了浓厚的尸臭气味。每隔几天，他到一定的地方拿取他人供养的食物，直到修毕全部过程，过一段时间才能下山。

最初作观时，他是从观实体的死尸开始，一直到看见枯骨、看见白光为止，要相当长的一段时日。等到观成以后，每次一打坐，便能快速地由尸体的腐化观想到光，一直到自己消失在光里面，每次观的程序皆同。那时，已经没有真正的死尸在眼前了，完全是观想，但是对所有的步骤已经掌握得很纯熟了。

我们若依照如上所叙述的过程，用想象力，耐心而细心地观察一个陌生的死者遗体，虽无实体，但当我们集中念头观想的时候，仍然可以得到力量，尤其是对于贪欲、淫念强的人，是有帮助的。

依据《禅法要解》所说，另一种从善师学习观自身不净，是观自己身中三十六物，不净充满，观所执着的他身亦然。若已达到厌离淫欲的目的，便息观想之心。倘若欲着之心不息，当用两种方式：其一是心理上贪瞋冲动强的人，最好用一点情绪性的意志力来辅助观想，例如告诉自己：看到我自己了，唉，真是难看透了！太可厌了！人死了是这个样子！现在又变了……每一个过程都提醒自己一下、强调一下，一直到白骨出现为止，再进入白光。第二种人不常因身体而产生强烈的烦恼，所以不需要用情绪，只是很清楚地、一步一步地观想一切的变化经过，到看见白骨出现以后，接下来两个方式就完全一样了。而所谓白色的光，是明亮、清凉而柔和的，不是像夏天猛厉的阳光。

依上述的方法修行，能够很快地进入定境，因为这其间观想的过程较为复杂，在注意观想的时候，便能排除许多妄念。一连串的境界显现时，心也同时跟着对象的变化而在变动，但这个变动是连续的，而非散漫、纷杂的妄动。平日心很散乱、念头很多的人，最好还是由数息观入手，否则可能一开始就妄想纷飞，不净观观不起来了。

依据《坐禅三昧经》卷上的介绍，凡是淫欲多者，习不净观，当观血肉之身，从足至发，不净充满。活着的时候，身中三十六物，皆是不净，何况身死之后。又说多淫欲人，有七种爱，以观七种不净对治。

（1）若着好色，当习青瘀观法，乃至黄赤不净等色；

（2）若着端正，当习膖胀身散观法；

（3）若着仪容，当修新死血流涂骨观法；

（4）若着音声，当习咽塞气绝命断观法；

（5）若着细滑，当习骨观及干枯病观法；

（6）若爱着众生，当习六种观；

（7）若都爱着以上六种，则遍观一切。

该经又说："人心狂惑，为颠倒所覆，非净计净，若颠倒心破，便得实相法观。""爱着心息，即知不净。"身为父母精血不净合成，既得为身，常出不净，衣服床褥亦臭不净，何况死后遗骸！可见，若能修习不净观法，初则可以离贪淫，终则能成实相无相的观法。

慈悲观

依据《坐禅三昧经》卷上所言，凡是瞋恚心重的人，当修慈悲观，又名“慈心三昧”。可有三个阶段，逐段观想：

一、最初修行，当教观想，慈及亲爱

也就是说，凡夫无不自私，首先爱自身受益，其次则推及亲人以及所爱的人。

慈悲观的功能，第一阶段，即是要使自己对于生活周边的家人，以及私心觉得可亲可爱的人，不

要以瞋恚的心态相待。其方法则是当修行者获得种种身心快乐之际，例如寒时得衣，热时得凉，饥时得食，渴时得饮，病时得愈，贫时得钱，贱时得荣，劳累之时获得休息，急难之时获得救济。这时应当推想观照自己的亲人、爱友，由近而远，由少而多，希望他们也都能像自己一样，希望他们每一个人都能如愿，不论是以自己的力量协助他们离苦得乐，或求助他人的力量，使他们离苦得乐。系念不停，不作异想，若起异想，及时回到慈悲观的方法上来。

若在修行禅定之际，获得身心轻安，心胸宽敞等的觉受之后，也当以慈悲观，愿诸亲爱，获得如是利益。若在听闻佛法、读诵佛典、自觉心开意解时，亦当愿诸亲爱，同获法喜。可知慈悲观主要是在日常生活中的随所善缘，得善念反应，便当修习；

但也可在修行三学六度之时，凡是善境，随处随时，均可修行。

二、其次当修，慈及中人

所谓中人，是指既非亲爱，亦非仇怨。常人不易对陌生的路人产生关怀之心，纵然觉其可怜，总是不关自己的痛痒，为何要照顾他们。所以，有些西方的老人宁愿把大笔的遗产交给他们心爱的宠物猫狗，也不愿关怀无依无靠的流浪者及苦命人。作为一个修习慈悲观的人，当在修成第一阶段的慈及亲爱之后，接下来必然会扩大慈悲观的对象范围，那就是要慈及中人。

方法跟第一阶段相同，只是当在自己的身心获得种种快乐利益之时，也愿一切与己非亲非怨的人，都能获得。也可以说，当亲爱者有苦难时，自己固然要施予救援协助，当一切非亲非怨的人有苦难时，自己也当施予救援协助，纵然未能采取实际行动，心中确存有深厚的慈悲心。系念不断，不作异想，若缘异境，立即回到慈悲观的方法上来。

三、终当修习，慈及怨憎

所谓怨憎，便是对于自己不友善者，是破坏者、诽谤者、打击者、无理取闹者。所以，对于怨憎者，施予慈悲相当困难。一般而言，怨仇相见，瞋怒心起，是正常事，怨憎相会，即为八苦之一，岂能反而以慈悲心相待？故此，须在修成慈及亲爱、慈及中人的两个阶段之后，才会修习。其方法与第一二阶段所修者相同，所异者乃在自己获得身心种种快乐利益之时，既愿一切亲爱者都能获相同的快乐利益，也愿一切非亲非怨者都能获得相同的快乐利益，并亦希望一切怨憎仇家敌人都能获得相同的快乐利益。

在《坐禅三昧经》卷上，对此第三阶段的修法，特别强调，因为对于亲爱及中人，起瞋恚生怨怒比较少，瞋恚心的生起，主要是在对于冤家对头。故于该经说明：为何要慈及怨憎？如何来慈及怨憎？

设问云："怨憎恶人，云何怜愍，复愿与乐？"

答云："应与彼乐，所以者何？"并列举了七项理由及其修习方法：

1. 那人尚有种种好事，清净法因，我今岂可以一怨而抹杀他的多善！

2. 更当观想，那人在过去无始以来无量世中，可能曾经是我亲友善知识，岂可由于现在的怨恶，而更生怨恶。我当忍彼，是我自得善利。

3. 当念行法，仁德含弘，慈力无量，我岂可失。

4. 当再思惟，若无怨憎现前，从何修行忍辱波罗蜜呢？可知怨则能生我忍，作此观想，怨憎的人即是我的亲善。

5. 再作思惟，瞋恚者受报最重，众恶中上，无有过者。以瞋加物，其毒难制，虽欲烧他，实是自害。

6. 当自念言："外被法服，内习忍行，是谓沙门，岂可恶声纵此，变色蔽心。"

7. 五受阴者，众苦林薮，受恶之的。如刺刺身，受苦无量，众怨甚多，当自守护，着忍革履。

统一以上三阶，实则便是当以平等心慈悲对待一切众生。为何能够看他们是平等的？这要从过去、现在、未来三世来看。我们当前碰到的冤家，在过去不一定是冤家，更不一定是未来的冤家；现在的亲友，在过去不一定是亲友，也不一定还是未来的亲友。怨与亲从无始以来，永远是交互而并行着的。譬如一个家庭里面，父母、儿女、亲戚等等，有互相友爱之时，也有彼此摩擦之时，有的兄弟姊妹时常吵架打架，有的父母儿女彼此作敌人。但通过无穷无尽的三世，没有绝对的冤家与亲家，怨亲只是因缘和合的临时现象；而一切众生都曾经跟我们有过人际关系，也可能将来会跟我们产生很好的关系。甚至今日的冤家，正好就是成就我们修行的菩萨。因此，我们对任何一个众生都应抱有平等的慈悲心，利益众生，并愿同众生早离苦海。

因缘观

经说，愚痴偏多的人，宜修因缘观。此所谓愚痴，是指不明因果法，也不信因缘法。对于人生的生从何来死往何去，不能了解；醉生梦死，而又烦恼终身。

传统的因缘观，是观生死流转的三世十二因缘的过程，观成即知生死虚妄，若知虚妄，便能及时从生死流转而转变成生死还灭，即是从生死获得解脱。

依据《坐禅三昧经》卷上所说，也可分为三个阶段：

愚痴偏多的人，宜修因缘观。

一、初习行者

初习行者，当教其观想生缘老死，无明缘行。如是思惟，不令心缘他念，若缘他念，立即令还，续观：生缘老死，无明缘行——此是十二因缘中过去世及未来世的四目。即是观想：人既有生，必将有老死，因有无明，必将有心意的行为，而带动身口的行为。此处的“缘”，是指关系、原因、要素的意思，即是由于有了“生”的关系，便是有了老死的原因，“生”也就是“老死”的要素。若要无“老死”，先当无“生”。同样的，“无明”是“行”的原因，由于有了“无明”的关系，所以一定会有“行”的结果。若希望无“行”，先当无“无明”。

生及老死是过去生的行为结果，若盼今生无生、无老死，先当没有过去世的行为，而其行为的产生，是因无明而来，无明是无始以来就已有了的烦恼之根本。若知无明是由梦想颠倒而有，本无实体，即是如空的实相现前，即是无我的智慧现前，无明顿时消失。若无无明，即无行，无行即无生，无生即无老死。若能如此观成，便能返愚痴而为智慧了。

二、已习行者

已习行者，初阶段观成后，当教其观想行缘识，识缘名色，名色缘六入，六入缘触，触缘受，受缘爱，爱缘取，取缘有。如是思惟，不令外念，若外念诸缘，即摄之令还，继续观想，反复观想如上八目。此是十二因缘现在世的八目。

此即是说，由于有了过去世的“行”为，便以行为而结集成为生命流转的主体，称之“识”。有了识的关系，便入胎成为胎儿，胎儿的形成是由精神及物质的结合，精神称为“名”，物质称为“色”，故当胎儿初成，称为“名色”。胎儿成形出生之时，眼耳鼻舌身意的六根已经具足，由此六根门户，可以接受六尘的事物，而产生烦恼，故名为“六入”。出生之后，用身体接触到世界的事物现象，名之为“触”。有了接触，即有感“受”，有了感“受”，便对欣喜者产生“爱”着，有了爱着，便有追求的争“取”了。有了取（及舍）的行为，便有了未来的果报之因，名之为“有”。于是，生死流转，受苦受难。

若不希望未来再有生及老死的果报，最好便是现在生中不要有“取舍”的执着。若要无取无舍，先当对于所受的不起爱着。若盼不起爱着，先当不要执着苦乐诸受。若想不执着苦乐诸受，最好没有六根与六尘的相互接触。若想根尘无触，先当不用六根。若想六根无用，先当名色不现。若盼名色不现，先当没有过去世的“业识”积聚。若盼没有过去世的业识积聚，先当没有过去世的行为造作。若作如此观想成功，即会明确地知道，人生的生从何来、死往何去了。

三、久习行者

久习行者，当教其观想无明缘行，行缘识，识缘名色，名色缘六入，六入缘触，触缘受，受缘爱，爱缘取，取缘有，有缘生，生缘老死。可见，初习因缘观者，观十二支中的过去世的生死流转与未来世的生死还灭；已习因缘观者，但观十二支中现在世的生死流转与生死还灭；久习因缘观者，则通观三世十二支因缘段落的生死流转及生死还灭。

若对三世十二因缘的过程及其每一段落的功能都了然于心，作此因缘观时也不困难，难是难在常人较无法专注来作连续的次第观想。所以在修习因缘观时，若发现心念别缘他境，随时要回到方法上来。

三世十二因缘的罪魁祸首是“无明”，对于解脱者而言，无明已明，故为智者，身为凡夫，则尚未明，故称无明，故一切不知生死中事，乃是可怜惘者，因由无明，能造后世果报而有生死。痴人不知生死起于无明，无明是从生死之间的造业受报而存续，一旦不造生死业，无明及业中断，生死亦了。佛说所谓痴人有两种类型：一如牛羊无知，二是外道邪见。因缘观能对治如此的二类痴病。

界分别观

界的意思是差别界限，类别分际。一切现象，及至观念，都有名相体用，每一种名相体用，均有其界限的范围，名之为界。《大般涅槃经》卷三十六云："着我多者，当为分析十八界等。"若依此经所言，先修不净、慈悲、数息、界分别的四种观行，如法修行已，次第获得身受心法的四念处观，得是观已，次第后观十二因缘。如是观已，次得暖法，以暖法而得信心，以暖法而得智慧；暖法虽是有为的有法，却能破除有为的有法，故此暖法，能为无漏的道相。

若依此经，五停心观的先后次第，应该是不净、慈悲、数息、分析十八界、观十二因缘。修行前四观完成，即得身受心法的四念处，修十二因缘观成，即入暖位。

从诸经论所见，界分别观的名称各异，另有界差别观、界方便观、分析十八界观等名。主要是从人生的身、心、环境世界作统一和整体分析，因为人的烦恼渊薮，便是我执，我执之坚固，是来自对于自我身心及身心所在环境的颠倒想：以非我为我，以无常为常，以苦为乐，以不净为净。若能综合地统观十八界，便可发觉我们的身、心、世界，乃是无我、无常、空的，唯有如此，始能从苦、乐、不净的无常之中，获得智慧，获得解脱。

所观十八界的界分别，便是观想：人生的存在，不过是身、心、环境，暂时的组合。以眼耳鼻舌身意的六根，为身的存在；以色声香味触法的六尘，为环境世界；以觉受领知六根和六尘相接相对时所起的眼耳鼻舌身意之六识，为心的活动。只要此三大类的任何一类发生残缺现象，自我的感觉世界、自我的价值判断、自我的执着范围，便随着变化。可是凡夫执着的自我，并非真实的自我，而是虚妄不实的以幻为真。若能经常提醒自己，自我执着的结果，除了增加烦恼，没有一点好处，便是界分别观的功能。

十八界的构成要素，不出于精神与物质的两大部分。物质的部分即是地、水、火、风的四大，我们的身体由此四大和合而成，我们处身的世界，也是由此地、水、火、风的四大和合而成。此四大类的元素，均在空间中运动，知道并且利用这四大元素的便是精神，佛法称之识。所以，十八界能够组合成一个人的完整的生命现象，换句话说，人的自我，也不过是十八界的个别零件的暂时组合，其中没有一个不变的主体叫做自我。

正由于在界分别中，以破除自身的执着为最重要，因此在《杂阿毗昙心论》卷五要说，观自身界方便，即是观自我身体的种种自性、种种业、种种相。被我人所执着为“我”的自身，即是地、水、火、风、空、识的六界。当观地界为水界润故不相离；当观水界为地界持故不流散；当观火界成熟故不淤坏；当观风界动摇故得增长；当观空界空故有食等出入；当观识界合故有所造作。

该论又说，再观此身，从足至顶，种种不净充满。

观察此色身现象，犹如猛风，飘散聚沙。如是观法成就，能得空解脱门种子；于彼生死厌离不乐，得无愿解脱门种子；于生死不乐已，正向涅槃，得无相解脱门种子。若于此观“得不作想觉已，观一切有为，皆悉散坏，是名界方便满”，也就是说界分别观观成，即见有为相坏，无作相现。

根据《瑜伽师地论》卷二十七，将此界分别观，称为“界善巧”。并谓界有十八，即是观想：眼界、色界、眼识界，耳界、声界、耳识界，鼻界、香界、鼻识界，舌界、味界、舌识界，身界、触界、身识界，意界、法界、意识界，并且了知此十八种法的个别的界域，个别的运转，即能于此因缘而得善巧。

念佛观

五停心观，应该只有五种禅观法门，但在诸经论中，对于“界分别观”则或有或没有，没有者乃以念佛观取代之，例如《坐禅三昧经》卷上的“第五治等分法门”，即是举的念佛观，教人一心修念佛三昧。《五门禅经要用法》所云五门，即是安般（数息）、不净、慈心、观缘、念佛。其次第与本文所取者相同。因此，有人说五停心观可以称为六门观。故在中国净影的《大乘义章》列出观佛观，天台的《四教仪》列出念佛观。

依据《坐禅三昧经》卷上所言，念佛观是为“等分行及重罪人”而设的观行法门。初修行者，当教其至有佛像处，专心一意，观看佛像相好，相相明了，一心忆持，还至静所，则以心眼，观佛像相好，系念在像，不令他念生起，若起他念，立即摄念，还住于佛像相好。若心不住，其师当教行者，自责其心，既责心已，心不散乱，此时便得以心眼见到佛的像相光明，如眼所见。

进而要将佛像的三十二种大人相及八十种随形好，一一忆持，用心眼一一观想，能见一佛，接着便得见二佛，乃至得见十方无量世界诸佛色身，既得见佛，又得闻佛说法。既得念佛色身，又复念佛功德法身的无量大慧，无崖底智。如若以心眼念佛色身相好，而空无所获，仍当勤心专念不忘，以报佛恩。

另据《五门禅经要用法》所言："若心没者，教以念佛，若行人有善心已来，未得念佛三昧者，教令一心观佛。"此书对于观佛念佛，说明相当详细，现在将之分层次第介绍如下：

第一，初步观佛相好，观佛像的三十二种相好，了了分明之后，即闭目忆念相好在心，若不明了，再开眼谛视佛像，至心明了，还坐静处，正意系念佛像相好，在感觉上如对真佛色身无异。

第二，已见佛像相好，了了分明，如见真佛色身后，次当还坐静处，系念自己额上，一心忆念佛身相好，额上即有佛像出现，从一至十，乃至无量。

如斯佛像从额上出后，去身不远而还者，此修行者为求声闻根性，去小远而还者，此修行者为求辟支佛根性，去甚远而还者为求大乘根性。

第三，次见额出诸佛还近修行者身，地作金色，诸佛尽入于地，地平如掌，明净如镜，修行者自观己身，亦明净如地。此名得“念佛三昧境界”。

第四，继续系念在心，然后再观整体佛像相好，即见诸佛从心而出，手执琉璃杖，杖头出三乘人。末后一佛执杖在行者心前，正立而住，接着转身还入于行者心；先出诸佛，一一回转入心，若此行者是小乘人，诸佛入尽即止，若是大乘人，诸佛尽入心已，又从遍身毛孔中出，诸佛光明满于四海，上至有顶天，下极风轮，如是照已，还来入身，如净琉璃。如此观成，能生诸定，故名“一切念处”。佛所执杖，乃是定相；光明相者，乃为智慧。此非外道神仙所见，乃是“内凡境界”之相。

第五，舍前二境界，系念在脐，一心观脐，不久之后即觉脐有动相，而心系不乱，遂见有鲜白色物，大如雁卵。

继续用心眼谛视，即见有莲花，茎似琉璃，台为黄金，有佛趺坐台上；此佛的脐中也出莲花，花台有佛，第二佛的脐中又出莲花，花台有佛，如是辗转层出，乃至形势如大海；末后一佛还入脐中，乃至最初一佛入行者脐中已；此时行者自身诸毛孔，遍出莲花满于虚空，此等莲花又一一还入行者脐中。到此时，行者身体，自觉柔软轻悦，自见身体明净如杂宝色。

第六，行者次观自己顶有五色光焰，更观五光有五瑞相，见有一佛在光明中结跏趺坐，更观五光之中各有一佛，一一口中皆出莲花，遍满大地。

更观五光中佛，一一皆从其脐中出一狮子，吞食诸莲花尽，还入五光中佛脐中；最后，五光及佛，皆入行者之顶。此名“狮子奋迅三昧”。

第七，次观五光五佛入顶之后，行者自见己身作金色，并见脐中有物，圆满明净犹如日月。

更观即见佛出，满腋下及腰中共有四佛出现，一一佛出无量圆满明净日光；以此光明即见四天下一切景色，上至有顶天，下及风轮，悉皆明了，如见掌中，无有障碍。此名“自净解脱境界”。

第八，见此境界之后，四佛还入行者腋下及腰中。然后，复见白焰诸光，从行者身体的前入后出、后入前出、左入右出、右入左出。如是四种出入已，行者即见自身明净，及水四边，圆满净光。此名为“明净境界”。见此净光之后，即名为“成念佛三昧”，在四禅中。

以上所介绍的念佛观，必须是在已有经验的贤者老师的指导之下，进行修炼。而且在每得一种新情况后，必须立即禀告老师，时时都在老师的照顾之下修炼，才会正确安全。

这里的念佛观，是观像及观想的念佛，与宋明以后中国佛教徒所熟悉的持名念佛，有所不同，然其念佛的功能，都可获得念佛三昧的境界。

后　记

五停心观，本为修习大小乘禅定的基础方法，但是一般人总以为它是小乘三贤位的第一位，其次两位是别相念处与总相念处。三贤位之后，便是暖、顶、忍、世第一的四个位子，称为四善根位，与三贤位相加，称为七方便位又名七贤位，过此七贤位，方入声闻四沙门果的第一果阿含位，才算进入圣位的初阶。以此可知，五停心观的位次，尚属三界内的凡夫所修。因此，也就不为一向以大乘自居的中国佛教所重。

可是在大乘佛教诸经论中，也常见有五停心观的修行方法，特别是不净观及数息观，一向被称为二甘露门，若修离欲的梵行，当先制淫念，故观不净；若修禅定行，当先制散心，故用数息。所以受到普遍大量的发挥介绍，鼓励修持。例如，天台智𫖮大力阐扬的止观法门，是从次第止观而到圆顿止观，故对于五停心观着墨也多。

中国禅宗虽然主张不落阶梯，顿悟成佛，这对于初心学佛的人，能够很快得力的，实在太少。所以，自宋代后，多援用净土行的持名念佛为初机的方法，然后教导参究“念佛是谁”的话题。

由中国传至日本的禅宗，也是教参公案，或教端坐正念，一切善恶都莫思量。但亦多教人先修数息法门，以除散乱，然后教用参禅方法。我本人在国内外指导禅修，也以教授数息为入门方便。

愚痴偏多的人，宜修因缘观。

中国天台智𫖮禅师的《修习止观坐禅法要》即说：修观有二种，一者对治观，即用五停心观的不净、慈悲、界分别、数息的四项；二者正观，即观诸法无相，皆从因缘生，因缘无性，即是实相。

然而此五停心观，能使行者从有相观进入无相观，从有我的执着进入无我的解脱，乃是大小乘共通的禅修基础。

若以我的看法，五停心观虽然一向被认为是用来对治五种修行的问题，其实也有更积极的功能，那就是：

（1）数息观是从安定散乱心而进入如来禅的初门。

（2）不净观是从舍欲离淫而进入梵行乃至六根清净位的初门。

（3）慈悲观是从慈心不瞋恚而进入平等大慈悲之大菩萨行的初门。

（4）因缘观是从明察生死来去的因果关系而进入大解脱慧的初门。

（5）界分别观是从分析人生现象而进入无我、无相、无着之大般若海的初门。

（6）念佛观是从观像观想的有相念佛而进入空、无相、无愿（又云无作）之三解脱门的初门。

若能作如此说明，五停心观，岂不正是大乘佛法人人必修的功课？总括言之，五停心观，便是以数息来安心，以观不净来净心，以慈悲观生慈悲心，以修因缘观、界分别观、念佛观发起智慧心。纵观整体的大小乘佛法，不就是以这几大项目为中心吗？不过初心学者，必得在贤师指导下修习五停心观，方能安全可靠。

（选自《禅钥》）

第二章

四念处

四念处是一种很复杂、
很不容易修的修行方法，与五停心
——即数息、不净、慈心、界分别、
因缘等五门有密切的关系。

出离三界，永断生死。

四念处是一种很复杂、很不容易修的修行方法，与五停心——即数息、不净、慈心、界分别、因缘等五门有密切的关系。现在概略地介绍四念处。

佛经上记载，在释迦牟尼佛即将入涅槃的时候，阿难强忍住悲痛，请佛陀就未来佛法的弘传，开示最后的遗教。

释迦牟尼佛咐嘱阿难四件事：其一，在日后结集佛法经典之时，每一部经的经文皆以“如是我闻”为起始，表示这是由佛陀亲口宣说，阿难亲闻。其二，以戒律为师。其三，依四念处行道。其四，对于犯戒而不受劝告的比丘，用默摈、不理睬他的方式，让他心生悔意，自行归善。由此可知，四念处是佛陀教法中很基本而重要的一个方法。

五停心和四念处密切相关。就禅观次第而言，五停心属于奢摩他，是止；四念处属于毗婆奢那，即观。五停心最主要的作用，是针对散心和乱心的人，使他们能够循着方法把心集中起来，渐渐地达到定的程度。修五停心得定以后，立即从定出来，用有漏智慧观察四念处的身、受、心、法，一直观想，进而达到发无漏慧、出三界的目的。

最主要的差别在于修五停心可以得定，但不能开悟，在定中心亦无法修；必须是得定之后，从定出，以有漏慧来修四念处，从四念处发无漏慧。有定有止，再修观，从观发慧，这个与天台宗所讲的止观均等不同。如果不得定便修四念处，或是修五停心得定后许久，定力退失，才修四念处，都是不对的。

什么是四念处呢？四念处就是身、受、心、法四种观想。身，就是我们的身体；受，是我们的身体对外界种种接触刺激的感受；心是对于受所产生的反应、执着；法是身、受、心所产生的一切。就个人来说，身受心本身就是法，身受心之外没有法。除此，凡因缘所生的皆是法。

用这四种的观想法，观身不净、观受是苦、观心无常、观法无我，是为了要对治四种颠倒的错认和执着。所谓四种颠倒即是净——清净的净，乐——快乐的乐，常——永恒的常，我——我为中心。由于有这四种颠倒，所以不能出三界，所以沉沦流转在生死中。四种颠倒里的根本法是“我”，因为“我”，而错认存在是常的、永恒的。永恒感从哪里来呢？从接受而来，受从哪里来？受从身体而来，身体是物质的，心是精神的，但是精神不离物质而作用，身受心动，身心的感受加起来，就成了我，这是小我。从物质界小我的身体，到禅定中有定的感受的大我、大身，都假想以为恒常，执着以为有我。修四念处，正可以破四颠倒，出三界。

观身不净

观察我们的身体，用“观”的方法来观它。在一般的说法里，此处往往解释得和五停心的不净观一样。但是我认为，如果是不净观，就是尚在五停心的阶段了，所以应该不是不净观。

若从《俱舍论》来看，它不是重视于身体的不净；换句话说，不是身体很脏、很臭的那个不净，而是烦恼的根源叫做不净。观“身是烦恼根”，所以不清净。

观受是苦

通常，人对于身体的诸受，误认为是乐、是清净，这种颠倒想所导致的，就是宝爱这个身体。每个人都贪爱自己的身体，谁不贪爱自己的身体呢？割舍自身的一块肉拿去给狗打牙祭去，没有这样的事。观受是苦与观身不净是连带的，因观身不净，而观察到身体所带来的并不是好事，都是麻烦事、不清净的事。所谓不清净，指的是烦恼的根源，制造罪业、生死的根源。一般的人把身体当做净、把感受当做乐来看，根本没有想到它是生死的根源。

我们为什么会喜欢这个身体的种种呢？有时肚

子饿了，吃的时候，吃得很饱，很舒服；口渴了，喝水的时候，喝得好舒服；累了，上床睡一觉，睡得好舒服；热的时候，有凉风徐徐吹来，吹得好舒服；恋爱的时候，亲密地拥抱，也觉得好舒服……做舒服的事，感觉身体很可爱，于是起颠倒想，以为身体是受乐的根本。痛苦的时候是有的，但不会记得住，只记得好的，所以会对身体产生执着。

很多人不能认同佛教讲苦，他所感觉到的都是乐。但若深入地分析、观照下去，就会发现，所有一切的乐，都是苦的因素，都是带来苦的原因；而苦是没有止境的，乐是非常有限的。这一生的苦，连续到未来生的苦，即便是这一生，到最后，此身还是会死亡、会败坏，结果还是苦。所以说有受皆苦，“乐”不过是一个假象。因现象的本质是无常，无常故苦。

观心无常

心是什么?

前面已提及，心是从身体的感受，而产生的反应和执着。我们的心，念念不停地跟着所有的受在变化。既然是刹那不断地改变着，这心当然是无常的。可是，一般人总认为心是永恒的，譬如：男女间的山盟海誓，海可以枯，石可以烂，我们的心永远不变之类的，此即“常心”。

执着我们的心是恒常的，这种幻觉，是因为不能观照到心念的变化。所以错认昨天想任何事的，是我的心；在三年前、十年前、五十年以前，那个动脑筋在想的，也是我的心；身体也许变了，我的心没有变，环境变了，我的心没有变。其实，不是我的心在动，是我的念头在动。他无法想到心之所以为心，实际上，是一个念头、一个念头间的连锁、连结，不能如是观察，则会愚痴、固执地想象成是同一个人的心，在不同的时间，想着不一样的事。其实心念刹那变异，本是无常。

观法无我

对于身、受、心三个项目，我们如果从身观察起，身受心之间的关系并不是一成不变的，而是随时都在交互变化。既然是能够变化的，当然不是常的，既然是可以变化的，里头有没有“我”呢？如果能够变化的是我，那在变化的过程中，究竟“我”在哪里？所以一切法，不管是心法或是色法，无一不是因缘和合的暂时显现。暂时显现其间，每一点每一点连缀起来，便成为一桩事。从时间上看，是一个过程，从空间上看，是一个集合体，可是这种集合体仍然持续在变，过程也不断在变。“我”在哪里呢？哪个是我呢？身体是我吗？心是我吗？接受的“受”是我吗？通常认为，身体是我，我在接受，我在想，所以身受心通通是我。但把这些东西放在空间、时间上来看，就只是因缘的结合、因果的关系，“我”是不存在的。

用什么来观身、受、心、法？用慧。在什么时候来看？在得到五停心的定以后。停于定、止于定时，心根本不动。若得定以后，心能够动，这不叫念头，叫慧，是很清楚的观照。

以慧来观身、受、心、法的时候，这个慧本身有被它所观的对象。如果观一观又停掉，不能持续地一直观下去、观完成，那是代表刚刚开始用功的阶段。可是渐渐修观，先观身，观身能够不断，再观受；观受能够不断，观心，又能不断，三种连起来观，一气不断，此即四念处观成，进入世第一位，已在得阿罗汉果、出三界前的阶段了。

四念处的进程分成四个层次，即暖、顶、忍、世第一位，并要配合十六行，即十六特胜来修，所以观成是非常不容易的。所谓十六特胜，它的目的是要证四圣谛：知苦、断集、证灭、修道。四圣谛怎么修呢？就是从四念处而修。在观四念处的时候，把四圣谛加进去一起观，四圣谛每一谛中有四行，四四一十六共十六行。

观四念处得力，才知道四圣谛的苦谛究竟是什么。能够了解到苦谛的实义，才能真切地生起不退的信心，直到证四圣谛，已能每一刹那、每一刹那，都连续地、不断地、不退地观照明彻，而且就在观上面不会再离开了。故证四圣谛已具无漏慧，出离三界，永断生死。

（选自《禅的世界》）

第三章

日常生活中的四念处观

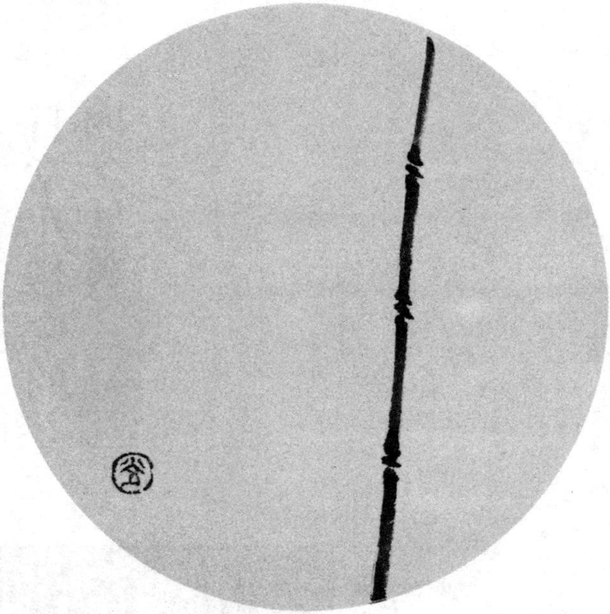

平常心境不苦不乐，
亦无贪瞋，似非烦恼，
实则因其无记，即是愚痴。

修五停心得成就便入定，然后出定而观四念处，那是次第禅观。由修定得有漏慧，再以有漏慧观四念处，由观四念处发无漏慧而出三界，证解脱果，这是相当花时间的修行方法。

对于一般人而言，的确难得有此因缘修成四念处的观法。

但是，在普通人的平常生活中，也不是无缘修习四念处的观法。

事实上， 我在指导禅修时，常常劝勉禅众，要时时照顾好各人自己的身心，应当做到："身在哪里，心在哪里。""手在做什么，心在做什么。""吃饭时吃饭，睡觉时睡觉。"

如能做到，则行、住、坐、卧的四大威仪，无一项、无一时、无一处不是修行。凡是一举手、一投足，举心动念处，全部生命的动静运作，也都是用功办道的场合。

这就是中国禅宗祖师们所提倡“禅在平常日用中”的大道理所在。此即是将次第禅观的四念处观法，用于中国禅宗的微妙之处。

四念处的目的在于用观照身、受、心、法而发无漏智慧，也就是禅宗六祖的“即慧之时定在慧”。即定即慧，即慧即定，实则重于慧解脱，所以强调明心见性、顿悟成佛，这都是无漏慧的功能。大悟彻底，便得五分法身，名为涅槃妙心，又名正法眼藏。

由此可知中国禅宗的禅修特色，无异就是四念处观的日用化与普遍化，把高难度的修行方法，转化成或动或静、任何时地都可灵活使用的修行方法。

我在指导禅修方法时，所用的身、受、心、法四种观行，是比较容易练习的。

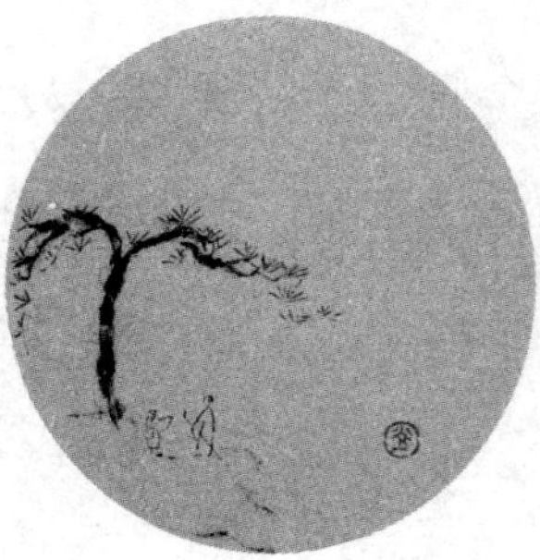

观身法

不必观察身体的净与不净，但求时时明察身体的动作。从粗大的肢体动作，至关节、皮肤、头部的五官、脑部、胸腹的五脏、腰部、臀部、四肢等的活动，从粗而细，从外而内，从大而小，从点而面，从局部而全身，逐层观照，乃至明察秋毫，随时随地，都能清清楚楚。若能观照成功，动中即是禅定，便会持平稳定，头脑宁静，身体康泰。

观受法

受是觉受、触受。身体的五根与外境的五尘接触而得的心理反应：或苦或乐，或是不苦不乐，是谓触受。身体本身的生理机能互动互用，例如：消化系统的运作、循环系统的运作、禅坐中气脉功能的运作等，均会使你产生心理的反应，或苦或乐，或是不苦不乐，是谓觉受。此法若能观照成功，便不会有逆境不顺的烦恼心出现；因为观察受苦受乐，苦乐本身仅仅是受，观受是受而非苦乐，心即能够明净安静，不为苦乐的触受与觉受而影响情绪。

观心法

心念的活动，与身、受相连，一切烦恼，均以身体的五根为媒介，均以触受与觉受为取舍，逢苦则忧、遇乐即喜，喜则生贪、忧则生瞋。

平常心境不苦不乐，亦无贪瞋，似非烦恼，实则因其无记，即是愚痴。故“心”的内容，包含了苦乐忧喜舍的五受，也具足了贪瞋痴三毒的全部。

如何观心？

即是向起心动念处用功，观照每一个念起念灭处，究竟是在想些什么？心相如何？心情如何？每一念的相应处，究竟是跟五受的哪几受有关？又跟三毒的哪几毒相连？

观心之时，不是不许心念活动，而是明察心念在做什么。

此观若能修成，性格必可稳定，智慧也会出现。观心之时，觉察念念生灭，生灭之中，没有永恒的心相可见，即能亲见无常的真理，也就能够从厌离烦恼而转化为享受无常即无我的生活了。

观法法

法的内容，是指色法及心法。

色法的物质现象，主要是指生理的肉体事实；心法的心理活动，主要是一切语言、文字、形象等符号印象，在心中留下的种种思想、观念、分别、执着。

常人均将自己的价值观，视为生命的重心，若用此方法，加以观照，便是在群魔乱舞的场面，遇到了照妖镜，即原形毕露，无处逃遁。

一切的思想、观念、分别、执着，均是从心相、身相、物相产生的印象及符号，既然已用观身、观受、观心等方法，照见那些现象均非永恒的实法，当然也就没有实我、常我、真我可求了，故将此法观成，当下即证无我的实相无相。

如以上所说，似乎还是不易修学。其实初学的人，宜从某一个特定的动作或触受开始观照。

例如：拜佛时，观照拜的动作是观身，观照拜的肢体觉触是观受，观照所受的心念反应是观心，观照心念反应的情况是观法。

又如：经行时，观照脚步的动作是观身，观照经行时肢体的觉触是观受，观照所受的心念反应是观心，观照心念反应的情况——有执着无执着等是观法。

以此类推，在日常生活的随时随处，只要有举手投足的动作处，有身心的任何反应时，均可练习四念处的禅观法门了。

（选自《禅的世界》）

实践指南

怎样修持解脱道？

解脱的定义，

也可以说就是自由的定义。

什么叫做解脱？

解脱的意义，可以很广，也可以很狭；可以高，也可以低。从基本的定义上说，所谓解脱，就是解放了束缚和脱离了束缚。有了束缚，便不自由；解脱了束缚，便是自由。因此，解脱的定义，也可以说就是自由的定义。

但是，自由是有范围的，人在不妨碍他人的自由之下，由于法律的保障，可以得到若干的自由，所以自由不等于放纵，自由也有其限度。

要求自由的倾向，实在就是主观状态对于客观状态的一种反抗，这种反抗的动力，几乎也就是生命的本能。包括动物与植物在内，如果失去了这种反抗的本能，必将不能生存。

比如草木的生长，它们反抗了地球的引力之后，才能从地面向空中发展，这种自求发展的动力，就是要求自由的一种反抗。

动物园的禽兽，更不用说，绝不是它们的自愿；野生的动物乃至昆虫，它们都有一种自求生活的本能，也必有一种抵抗环境的自卫能力；纵然是家畜，也没有不为它们的生存而奋斗的。

人类对于自由的要求，比异类的动物，更加强烈、更加深刻。虽然，由于文化及教育，在要求自由方面的表现，没有动物那样地露骨。但是，动物的层级越高，对自由的要求也越大，人类的文化程度越高，对于自由的要求也越复杂。

植物界的自由，仅在求得生存而已；动物界的自由，也仅在求得满足简单的饮食欲及生殖欲而已；人类的原人，大概又比高等动物的要求略胜一筹。

人，总是人，不会没有肉体生活以外的精神生活，所以，渐渐地向文明的时代进步。

一个文明人的自由倾向，是基于肉体的生存欲（饮食），进展到肉体的延续欲（生殖），再发展到精神的安定欲（神明的保护），最后便必然地要发展到精神的不朽欲。

所谓精神的不朽，是用来弥补肉体必死的遗憾。一个文明人，他会喊出“不自由毋宁死”的呼声，那就是指的肉体（生存）的自由及精神（思想）的自由，但却未必包括了精神不朽的自由。能够精神不朽，他已不是一般的人，但这项要求，却是人人该有的，否则，他的人生就是盲目的、昏沉的、没有自觉的、没有理想的，也是没有信心的。

当然，要求精神不朽，未必就是要求宗教的信仰，比如许多无宗教乃至反宗教的学者，他们不信神，不信上帝，也不信天国，更不信死后尚有所谓灵魂这样的东西，他们只以为造福了人类，他们的精神便会永远地活在人类的历史上，永远地融入于整个的宇宙间了，他们称这种做法为将小我化入大我。其实，他们是从混沌中来，又进入混沌中去。不过这些思想的要求精神不朽，要求个人冲破现实的时空，要求得到更大更久的自由价值，那是无可否认的。所以，如把尺度放宽，这些也是属于宗教信仰的一型。

最能普遍适应于人类的自由倾向，便是所谓灵魂不灭的要求（佛教不以为有固定的灵魂，众生的生死，纯由于业的聚散与牵引，这个问题请参阅拙著《正信的佛教》第二十三节“佛教相信灵魂的实在吗？”），在当下这一生的死亡之后，仍有一个我的存在，肉体虽然腐烂了，灵魂还是存在。这在神教徒说，灵魂可以奉上帝的恩召而进入上帝的天国，享受永生的快乐。在佛教来说，肉体虽然死亡了，善恶的业种却不会消失，它将带着我们去接受另一阶段的生死过程。

因此，不论神教的升天也好，佛教的善恶生死轮回也好，都是由于人类要求精神不朽而得到有力的注脚，这也是解脱思想的必然途径。但依据佛教来说，凡有一个“我”的存在，不论小我、大我，不论上天、入地，他的自由范围总是有限制的，所以也不得称为究竟的解脱。

佛教的解脱道，目的是在解脱这一个“我”的观念，而能得到绝对的自在。

佛教的解脱思想

上面说过了，解脱就是自由，自由的境界是有广狭不等、高低不同的。不过，凡有等次的自由，凡有差别的自由，都不是绝对的自由，都不是究竟的解脱，也都不是佛教所说的解脱。

那么，佛教的解脱思想是怎样的呢？

当然，佛教的解脱思想，不会离开等次差别的自由，乃是包含了等次差别的自由，再冲破等次差别的自由，那就是绝对的大解放、绝对的大自由，那就是无我。

无我的思想，除了佛教，也有人用，但他们所说的无我，仍然不会脱离“我”的观念，仍然有一个希望“不朽”的观念，那些忠臣义士、那些贞烈的妇女、那种慷慨牺牲的精神，确是忘记了私我的，但他们不会对其主观的行为与客观的影响都忘了、空了的。所以，从深处考察，这不是无我，而是我的扩大肯定。

因此也有人说，佛教虽讲无我，但那个无我的状态，实在是最强烈的“我”字，比如修善才可以不堕恶道，固然是为了我在打算；至于解脱，也是为了我的解脱；即使行菩萨道，也是为了我想成佛，成佛之后，并没有一空百空，成佛之后的诸佛，仍有诸佛的国土，诸佛的法身、报身、化身。因此，证明佛教讲无我，乃是我的观念的强烈化。

事实上，这是似是而非的论调。佛教的无我，绝不如世俗一般所说的无我，虽在佛教中的某些思想，由于混杂了印度教的梵天思想，而带有真我的色彩，佛教的根本思想，却是绝对无我的。佛教讲的空性是一门高深的哲学，从空性的立足点上，不会找到半点我的色彩。单从菩萨道的观念来说，讲求三轮体空——对于作者、受者、所作所受的事物，不存一丝功德的心念。因为行善救生乃是菩萨的本分，做不到的人便不是菩萨，既是菩萨就要如此，如果存有一个我是行菩萨道的观念，他就不是真正的菩萨。诚然，佛教的基础并不会脱离人间，所以，佛教的无我是从人间的有我而升华的。

一般的人，根本不敢想象无我的境界，如果真把解脱的境界一下子告诉他们，那将吓退他们的。“我”在众生的心目中，可谓根深蒂固，突然说出“无我”，他们就有无从着落的感觉。所以，佛教在诱导世俗的方法上，还是讲有我的。比如说善恶因果的观念，是佛教最重视的教训，既说善恶因果，就有我的观念，但这教训的作用，是为无我的境界开路：造恶都是为了自私，所以除恶之外，要先从善业的作为上着手。善业做多了，利他的行为多了，私利的心理就会渐渐地减弱；等到放弃了私利的心理，岂不就是无我？要是仅仅放弃了恶业恶果的我，而仍抱住善业善果的我，这是变相的自私，这是在做投资生意，只能换取来生的人天福报，而不是佛法的本意，也不能够解脱。

大家说小乘的圣人是自利的，这话不错，但是小乘的圣者却是无我的，如果存有一念我的利益，他就不能证得阿罗汉果。如果有我，就有烦恼，有烦恼，就要造生死业，造了生死业，便在生死中轮回而不得解脱。小乘罗汉的解脱，本质上与大乘七地（亦说八地）菩萨的解脱一样，乃至与佛的解脱也是一样的。可是，那种无余涅槃的解脱境界被称为寂灭，甚至被大乘佛教斥为灰身泯智，因为那是一种空寂的状态，固然没有物质的，也不能说是仍有精神的，那就叫做空性，不是有，但也不是没有，那就叫做无我的安乐境界。

事实上，小乘的无我，只是“人”无我，而还没有进入“法”无我的境界。也就是说，小乘圣者能够依照佛法修行，并且彻底放下了人我爱憎对立的界限，也放下了物我取舍对立的界限，所以能从世间得到绝对的解脱，断除放弃了世间相的执取，但还以为一切法的本身是实有的，所以一旦进入无余涅槃的解脱境界，他们就不再出来了。至于大乘的解脱，是连同世间的佛法也要放下来的，把世间法彻底放下时，便是小乘解脱道；把出世间的解脱道也放下之时，便是大乘的菩萨道。菩萨是不取世法也不取解脱的，这就叫做无住处涅槃，虽然不着世法的爱憎取舍，但也并不离开世法而仍要处于世法。这就是佛法所说的菩萨道的内容，它是包含了人天道与解脱道的。离了人天道，便不是真正的菩萨道，那仅是小乘的解脱道；离了解脱道，也不是真正的菩萨道，那仅是凡夫的人天道。正因为菩萨道，是不执着世间也不离开世间的，所以才是绝对的无我。

解脱，是把我执与法执全部放下，放下了我执与法执之后的人，才是彻底的自由，才是绝对的客观，才能毫无条件地建设世间，才能无上积极地广度众生。所以真正的菩萨道实行者，不会先存一个企求成佛的功利观念。比如：地藏菩萨的“地狱未空，誓不成佛”，文殊菩萨是三世诸佛的老师，普贤菩萨的永远实践十大愿王的菩萨道，他们是为救度众生，是为众生都能成佛，是为佛法利益世间而行菩萨道，不是为了自己成佛而行菩萨道。佛经中说菩萨道是成佛的因素，那是为了对于初信凡夫的接引而说，但那也是确实的真理；菩萨虽不是为求成佛而行菩萨道，诸佛的成佛，确都由于菩萨道的修持而来。不过，佛教的伟大，是由于法无我的实证，也就是即使无上的真理也能完全放下，不像其他的神教以及各派的哲学家们，没有一种能将自己所以为的真理也放下来，若把他们的“真理”放下了，他们就成了无依的游魂！佛教是伟大的，佛教的最高境界是把一切放下来，但在彻底放下之后，却又绝对地承担（不是执取）起来：否定了一切之后，又照着本来那样的绝对肯定起来。

从这一点，我们可以看出来了：神教徒们、哲学家们，从初步看，他们是无我积极的，为了真理的发明、追求、弘扬、实行而努力；若彻底去看，他们确又是自私消极的。当他们抓到了自以为是的真理之后，谁肯放下来呢？哲学家们的小我化入大我，便失去了自由意志；特别是神教徒们，向往着天国的安乐，哪一个愿意永生永世地为世间的理想而服务呢？

佛教从初步看，似乎是自私消极的，讲看破、讲放下、讲解脱、讲求从苦海的此岸到离苦的彼岸，这岂不是逃避现实？但彻底来看，唯有看破了世法的聚散无常，才能悟透彼此物我的虚幻不实，才能放下一切而从彼此物我等幻景的妄执之中得到绝对的解脱，既然解脱了爱憎取舍的束缚之后，乃至对于解脱境界也是要解脱的。所以看破放下的结果，乃在无上积极地净化世间，并且是突破时空（**大自由**）地建设世间和拯救世间。这就是菩萨的本色，也就是佛教的根本精神。因为篇幅有限，这个看似浅显而实深奥的问题，只能写到这里为止。

佛教的解脱工作

佛教的出现，是由于释迦世尊的应化人间。释迦世尊的应化工作，总括一句：做的就是解脱工作。

我们知道，释迦世尊降生在王宫里；他的出家，是在受了宫廷的欲乐之后。那时他已二十九岁，为什么要出家？大家都知道，是为了一个“苦”字，首先发觉的是生死老病的苦，继之又发现弱肉强食的苦，以及为求生存的苦，人与人之间爱憎关系的苦；那些生理的苦，心理的苦，内在的苦，外加的苦。为了解脱这些苦的问题，他就毅然决然地出家了，他想从出家修行的生活中体悟出离苦的方法。

终于，佛陀成道了，佛陀已悟到解脱痛苦的方法了。这个方法要是演绎开来，那是说不尽的，如果把它归纳起来，也只有“缘生性空”的四个字而已。

所谓缘生性空，可以用两句话来说明：“众因缘生法，我说即是无。”（《中观论》）也就是说，凡是依赖着各种因素而产生的事物现象，它们的本来体性都是假有的，都是空的。那么，试问：从宇宙界到人生界，万事万物的产生，又有哪一样是不靠众多因素的聚散而出现的呢？所以，缘生性空才是究竟的真理。

缘生性空，又可用四句话来解释：“此有故彼有，此生故彼生；此无故彼无，此灭故彼灭。”这四句话的意思，是说世间的一切事物现象，不论是物理的成、住、坏、空，生理的生、老、病、死，或是心理的生、住、异、灭；不论是自然的，或是人为的，凡是能够成为一种现象，都是由于各种必然的因缘（关系）的聚集而成立，所以叫做“此有（关系）故彼有（现象）”；又由于各种必然的因缘（关系）的解散而消失，所以叫做“此无（关系）故彼无（现象）”。

一切的事物，从宇宙到人生，没有一样是永恒不灭的，所以也没有一样是值得依恋的。人的痛苦，却是由于不解缘生性空的道理而来！未得的好处想得到，已得的好处怕失去；已得的不幸怕它不走，未得的不幸又怕它要来。

人对于人，也是抱着这样的态度。为什么？这是因为认不清事物的本来面目，也认不清自己的本来面目，所以把内在的“我”跟外在的一切境界全部对立起来；为了一个“我”，死命地维护着这个“我”——我的、我能、我爱、我恨、我要、我不……总之，是在做着“我”的奴才和牛马。这就是一切纷争、罪恶、烦恼、痛苦的渊薮，所以“此（我）生故彼（苦）生”，称为“纯大苦聚集”；可见，不论是自己感受痛苦，或者使得他人感受痛苦，都是由于“我”的作祟，如果能从名利、权力与物我的身心之中，看出了缘生性空的道理，那就知道一切的一切，都是假有的、暂有的、幻有的、虚有的，那还会把它们看得这样的认真吗？但要知道，这一切的一切，从性体上看，是缘生而空的；从现象上看，却又是实实在在的。这种实在，固然由于“我”的（现前）观念而存在，也是由于“我”的（已往）造业而感得。因此，从过去到现在，一切的痛苦，都是由于“我”的自作自受。如果看透了空，放下了“我”，那就是无我，那就是解脱，那就是“此（我）灭故彼（苦）灭”，称为“纯大苦聚灭”。

可见，佛教的解脱之道就是灭苦之道。但从理论上说，这是很难适用到一般人群中去的，所以，佛陀本着这个灭苦的原则，在印度境内恒河两岸的许多地区，往返跋涉，到处教化。并且在什么样的场合，对于什么样的对象，分别浅深，用各种方言，以各种譬喻，说出各种不同的教示。对于出家的弟子们，着重于根本的、出世的解脱道；对于根器深厚的弟子们，便说入世的、救世的菩萨道；对于一般的人，便说和世乐俗的人天道，期望他们以人天道为基础而进入解脱入世的菩萨道。因此，佛经的内容就有许多的差别，有的说出世，有的说入世；

有的说国王大臣的治国方法，有的说父母子女的责任义务；有的说社会服务，有的说家庭经济；有的对男子说，有的对妇女说。但都有一个共同的原则，那就是推行从佛陀悲智中流露出来的正法（**正确的处世方法**），减少人间由于邪恶愚痴而产生的痛苦，造成和乐、富裕、安宁、美满的人间社会，这也就是佛教的解脱工作。因为佛教固然希望一切众生都能出离生死，但在众生尚未度尽之前的解脱工作，还是要在众生群中的生死之间去做。所以，佛在成道之后，虽然已经解脱，但是佛陀的教化人间，却在他的解脱之后。不过，这些都是解脱的原则和目的，还不是解脱的方法。

佛教的解脱方法

解脱的原则是性空，解脱的目的是无我，至于要真正地实际证验解脱的境界，那绝不是单凭纸上谈兵，说说道理就能办到的。因为理论是一回事，实证又是一回事，正像一部历史，虽然记载着古代的事物状况，但这历史记载的本身，绝不等于古代的事物状况；又比如“美国”这个名词，是指美国那个国家，但是“美国”这个名词，绝不就是美国那个国家。所以，讲说解脱是不太难的，要实证解脱就很困难了。因此，尽管多数的人把大道理讲得滔滔如流，若他们的身心行为只是另外的一个面目，这就只是贩卖知识的理论，而没有得到实际的证验，和由实践而来的心得或功效。

那么，佛教的解脱方法，应该是怎样证验的呢？

在佛教，把实践解脱道的方法称为“修持”，也绝对重视修持。如果不做修持的功夫，便不能实证解脱的境界；若不实证解脱的境界，终究沦在生死境界而不能自主于生死；不能自主于生死的人，纵然学佛，纵然出家，纵然自以为是行了菩萨道，那也仅是种些解脱的种子，等待未来的成熟，现前的身份毕竟还是凡夫。既是凡夫，就不是真正的菩萨，虽行菩萨道，也属人天业。所以，太虚大师说：“不登祖位，不能真正地弘扬大乘。”所谓祖位，就是六根清净位，是即将入初地菩萨圣位的候补者。由此可见，我们学佛的人，如果不重修持、不求解脱，光在言语文句上拾一些古圣先贤的牙慧，作为卖弄的本钱，那是没有太大意思的。

说到修持解脱道的方法则不胜枚举。比如在《华严经》中，许许多多的菩萨，各有各的解脱门。文殊及普贤两位大菩萨，更是各有无量无数的解脱门。

不过，解脱道的修持，有一个最大的原则，那就是“戒、定、慧”的三大门径，从这三大门径，就可以进入不受生死束缚的解脱境界，所以称为“三无漏学”。漏是烦恼生死，是解脱大船的漏水之洞。

现在，就让我们介绍三无漏学的修持。

一、修戒

戒的定义是不当做的不能做，应当做的不能不做。总括起来就是《增壹阿含经》卷一的迦叶佛偈，也就是一般通称的“七佛通诫偈”：“诸恶莫作，诸善奉行，自净其意，是诸佛教。”这是过去世中，离现在最近的七尊佛陀，对于弟子们所通用的戒律。我们如果确实做到了这样的要求，便是一位标准的清净佛子。事实上，这在三岁的儿童都说得上口，但在八十岁的老翁也不容易行得贴切，简单之中蕴有严格的要求，哪一个凡夫能够完全做到？

因此，释迦世尊的教训之中，戒是分有层次等级的：那就是通俗的五戒十善，半通俗的八戒，出世的沙弥戒与具足戒，以及入世救世的菩萨戒。这些戒的内容，本文限于篇幅，不能广为介绍，如有兴趣，可以另看拙著《戒律学纲要》一书。

在此，只能介绍通俗的五戒十善，事实上，五戒十善是一切戒的基础。能把五戒十善持好了，其他的戒也就容易持了。

所谓五戒十善，五戒就在十善之中，明白了十善，也就明白了五戒。十善的内容，分为三类：

（1）身业类有三种：不杀生、不偷盗、不邪淫；

（2）口业类有四种：不两舌挑拨、不恶言谩骂、不淫词艳语、不散乱杂话；

（3）意业类有三种：不贪欲、不瞋恚、不邪见。

把十善修好，就称为三业清净，如果身、口、意的三种行为不能导入正轨，不能保持清净，那不要说修持解脱，就连一个基本的人格，也是有缺陷的。所以佛教的修持法门，是以持戒为一切法门的基础。刚开始不能持得清净，也不要气馁，只要持之以恒，渐渐地成为习惯，久了自然就会清净；要是怕犯戒便不持戒，乃至反对持戒，那就不行了。

在十善之中，意业类配饮酒戒，前面的身口两类，配杀、盗、淫、妄的前四戒，便是五戒的范围。犯戒以既成的行为事实为主，所以仅有意念犯戒，不成正罪。但在十善之中，却以意业的主宰力最强，所以佛教的持戒精神，重在内心的发意，不重肉体的贞操，比如遭人强奸而不受淫乐，便不成犯戒。特别是“邪见”一项，那是十善的罪魁祸首。所谓邪见，就是不信善恶因果，如果不信因果的人，他是不能学佛的。不信因果，未必就是恶人，甚至也可以是善人，但是，最大的恶人，定是不信因果的。不信因果，就不会考虑到未来的业报问题，业报问题虽属于功利的、庸俗的范围，但那确是存在的，并有抑制罪恶作用及鼓励行善作用的。既然否定了业报的观念，巨奸大恶，也就可以为所欲为了。所以，唯有深信因果的人，才能把戒持得清净，才能把心摆得平稳。

戒持清净了，心摆平稳了，然后才能谈到学定的功夫。太虚大师曾说："戒为三乘共基。"信佛学佛，如果看轻了戒的持守，便不是学佛法，纵然持咒、习定，能够感通神鬼，那也仅是旁门左道而已。（请阅读拙著《戒律学纲要》）

二、修定

定，也就是禅定，如果说戒是为善去恶，定便是心的收摄，所以禅定的名称叫做禅那（静虑或思惟修），又叫做三昧（等持）。总之，心不散乱而住于一境的状态，便是禅定。

定的修持，可以说是一切宗教所共通的要求，要想在身心方面得到宗教的显著受用，唯有修习禅定是最好的方法。印度的各派宗教——佛教称他们为外道，都有禅定的经验。据佛经的记载，印度有很多外道，最高的定境能到无色界的四空处定。在中国，太虚大师则说："在中国书上，只有老子始有此境。"（《佛学概论》）在西洋的基督教徒，虽然没有打坐的方法，但在他们的祈祷之中，往往能够得到神秘经验，那也算是禅定的一种。所以也有人说：佛教徒离开禅定，或者基督徒离开祈祷，就不能得到宗教的实益。这虽未必是绝对的真理，但也不是没有道理的说法。由此可见，禅定对于宗教价值的重要性了。

因为禅定的作用，在消极方面，可以抑制我执、我欲的奔放；在积极方面，又可以自由开放我们精神生活的天地。禅定既是散心的收摄，所以能够防止物欲的泛滥，乃至排除了欲念而进入无欲的状态。禅定的修得也必须是离欲之后的事实，所以在（欲、色、无色）三界之中，欲界天是福报而不是禅定，离欲之后的色界天，才是禅天的开始。因此，要想证得无我，首先要离欲，要想离欲，最好是修定。禅定既可离欲，离欲之后的精神领域，自然是一种自由的领域。

但是，禅的境界有很多，通常所说的是九次第定，从初禅、二禅、三禅、四禅的色界定，经过无色界的四空定，进入灭受想定（亦称灭尽定），才是解脱的境界，才是罗汉的境界。外道只知修定，而不知性空的无我，所以即使到达第八定，一切物质及妄念都空去了，一个“我”字还没有空去，所以出不了三界的生死，等他们的定力退失，从定中出来之时，便又回到生死的漩涡中去！

修禅定不是简单的事，如果知见不正、夹杂妄念，比如为了求生天国而修禅定，便夹带有情感信仰的成分，厌此欣彼，所以他的定力只能使他生天，只能使他依恋定乐而不再希望解脱生死，这不是佛教希望的。通常所称“着魔”，那又是等而下之的一类了，那往往是把幻境认作是神迹，认作是证果。本来，定中就可能出现幻境和定境两种现象。但是，幻境与定境不同，从不净的妄念中产生的是幻境，这在神经系统不正常的人最容易发现。他们所见的幻境，跟他们平日所想的境物是相同的，只是更加奇妙化了而已；其实，这是他们心底妄念的反映。未习定时心太散乱，所以不易觉察，一旦把心稍微静下来，微细的妄念便会趁机显现，这在缺少反省力的心态之下，就会以为那是一种神迹。这是很危险的，如果得不到正确的指导和矫正，极容易成为神经错乱的精神病患者了，那是很不幸的！

至于定境，那是在把心念集中于一点，普化成一片，扩大成一团，把这集中了的不散乱的心力，融和了外境成为自心的内境，随着定力的深浅，能把心力扩大开去，感应开去，其中所得的经验，便是定境。神通，是定力的化现，感应力的作用。但是，定境是不容许分别的，只能体会而不能名状，即使说出来，那也是变了样的，否则，那便是幻境了。如果定境而有现象的作用，那已是由定力所生的神通了。

修定的方法很多，如果归纳起来，不外是“止观”的修习与协调。“止”是心的着落、安定、静止，“观”是根据这个止的要求而思惟。如果只止不观，便会偏于枯槁而易昏沉，如果只观不止，便会偏于分别而起散心，所以要主张“止观均等”，才能产生禅的活用，才能进入定的境域。

中国的禅林，有一句名言：“念佛是谁？”通常被视为禅定的入门功夫。定的功夫，固然要有静坐作为基础；定境的获得，却不一定全靠静坐。所以不称坐禅而称参禅，这个“参”字，就是“观”的功夫。参“念佛是谁”，就是观“念佛是谁”，所以天台宗修持的场合不称禅堂，而称观堂，浙江的观宗寺就是如此。念佛是用心念的，用谁的心呢？

我念佛当然是我的心在念，最要紧的关头，就在这个“我”字上面，从“我”字上面一针见血地戳下去，问：“我在哪里？”肉体四肢是我？五脏六腑是我？呼吸是我？精神是我？找找看，我的本体究竟在哪里？找到最后，终究是了不可得，“我”既找不到了，妄心也就静止下来。一到心止的时候，便得身心轻安，离开定境就不太远了。但是一般的心止，未必就是入定，要是功夫不到家，散乱的分别心一止下来，就会渐渐地入于昏沉状态，那不是定而是枯，而是闷。定不是昏沉，定是精勤不懈地保持着一片空明朗澈的心境。因此，止了之后，如觉昏沉来临，马上再起观照思惟：“念佛是谁？”这样连续下去，功夫纯熟了，自然会引入定心的。

还有一个公案：中国禅宗的六祖惠能大师，他教惠明参禅，是用这样的指示："不思善，不思恶。正与么时，哪个是明上座本来面目？"也就是说，当你正在不思善也不思恶的心境之时，那个就是自性本体的显现。试问：我们离开了善恶的一切心念思惟，不就是一片空明朗澈的定境吗？那也正是一种无我境界的显现。所以禅宗教人参禅，还有一句明训，那就是"离心、意、识而参"，不依心体、不借意思、不用识辨，正在此时，那能还存有什么事物在我们的脑中呢？这些都是顿悟的方法，是直下指归的方法，比起止观均等的方法，又更直接了一层，也更高深了一层，这在普通的人，在短时间内，恐怕是用不上力的。所以用止观的方法还是比较安全的。

禅观的方法还有很多。根据唐朝宗密禅师的分类，共有五等：外道禅、凡夫禅、小乘禅、大乘禅、如来禅。它们的内容颇多，已不是本文的篇幅所能容纳。大致上说，中国的禅宗修的是如来禅，那是一种将定的功夫活现并融合在实际生活中的禅定，所以经中说“如来常在定，无有不定时”，中国的禅师则说“饥来吃饭困来眠”，都是禅定的表现。这使得枯坐守寂的小乘禅全部活了起来。但这也有流弊，因为如来禅虽能与实际生活打成一片，若非上上根机的人，那就用不上力。试问：能有几人做得到心“常在定”的？定是收摄散心，不受外境的蛊动便是定，谁能如此了？见色、闻香、听声，乃至触恼等等，能够毫不动心吗？这是很难的修养功夫。如果仅在口头拨弄几则禅宗的公案，焉能算是修禅？所以，安全的修定方法，还是从静坐及止观方面着手。

静坐，不等于修定；修定，最好是请已有禅定修养的人直接传授，否则就容易出毛病。比如：不净观、慈悲观、因缘观、界分别观、数息观，这是小乘的五停心观，尤其是不净观与数息观，最受重视。这些观法，在南传的泰国等地，以及现在的欧美，都是在老师的指导下学习的。从文字书本上学，那是靠不住的。

但是，修定的人最好先由静坐着手。静坐时必须注意以下事项：

第一，要有一个寂静的环境；

第二，要有一个平静的心境；

第三，要有一个平稳的坐姿。不论单腿盘坐、双腿盘坐，或交叉盘坐都可以，主要的是平衡身体的重心，保持着不倒的坐姿。如果年老的人腿无法盘，也可把两腿垂地，不过那是不能持久的，一则要倒，再则由于血液循环的受阻而会使腿脚发生不良的后果。

还有，两眼的视线，最好要集中在座前二三尺处的一点，不注意它，也不放弃它，否则，不入昏沉便会散心。眼睛如觉不适，也可暂时闭上后再微启。

如果没有高明的禅师指导，就照上面所说的止观方法练习也可以，但要注意，千万不要希望从修定的功夫中求得什么神迹，如果先就存了某种杂念，修持之后，一定会出岔子。要是不存杂念也有幻境显现时，那就必须提高警觉，马上回心返照，观察我在哪里？我也找不到时，幻境自然消失。或者是对于很可能出现的种种可喜或可怖的幻境，置之不理，所谓见怪不怪，其怪自败。切勿以为是灵验，也别怕它是魔障。

有些人如果不习惯静坐，心太散、意太乱，静不下来，那就另修礼拜、读诵、忏悔、持名念佛等的法门，这是依赖佛菩萨的他力，提携接引我们本具的自力，选定一门，或选定有连贯性质的数门，比如修弥陀净土的，应该拜弥陀佛像，诵净土经论，念弥陀圣号，观西方乐土的种种庄严，这就是一贯性的法门。只要恳切持久地修持下去，就会渐入佳境。所以，这也是修定的方便法门，这是从动中取定的方法。比如《阿弥陀经》的念佛法门，也在求得一心不乱，那也就是定的一种。

修持最要紧的是信心、敬心、决心、恒心；死心塌地地信，虔诚皈命地敬，勇往直前地行，持久不懈地修。不要三心二意，不要急求速效，每日定时定数地修持下去，平心静气地修持下去，必然会有成效的。即使久修不验，那是功夫不纯，不是佛法不灵。在此，我想顺便一提，时下一般寺院的课诵，往往只顾形式唱念，而不顾内心修养与陶冶的修持法，实在是急待纠正的。

三、修慧

慧，是睿智的意思。修持佛法的目的，是在求得解脱，如果只修戒定而不修智慧，还是不得解脱。戒的作用，像是治病的药；定的作用，像是调补的药；慧的作用，像是指导生活的知识。治了疾病，强了身体，还得要有超人的理智，才能做出伟大的事业。所以慧的功用，要比戒定更大。

至于慧的产生，也与戒定有关，通常是由戒生定，由定发慧，慧又转过头来指导持戒，指导修定，就这样连环地形成了螺旋状态而向解脱之道迈进。如果只修戒定而不修慧，那便是不得解脱要领的盲修瞎炼！

不过，慧的成长，不一定全部要赖戒定的滋养，所以，通常把慧的来源分为四类：闻慧、思慧、修慧、证慧。从听法(包括阅读)而得到的智慧，称为闻慧；加以自心的思惟而后，所得的心得，称为思慧；再将自己的心得，从事于实际的践履，从实践中所得的心得，称为修慧；若能亲自体验到了这种心得的本来面目，便是证慧。但我在此必须指出，在这四慧之中，除了闻慧以外的其他三慧，都与戒定有关，特别是与禅定的关系。因此，解脱道的证得，没有这三学的相互为用，根本办不到。虽然有些慧力特别高的人，不必经过呆板的禅定修持过程，一经点破，就得解脱，但是在其解脱之际，仍得有一种定的力用促成，不过那是非常快速的，所以称为电光喻定。由此可见，我们也不必批评不修禅定的人就等于没有修持。前面说过，如来是“无有不定时”的，真正的大定、深定，绝不限于静坐，《首楞严经》所说的大定，也就是这样的。

谁该修持解脱道？

在我们中国，向来有一种几乎是根深蒂固的观念：以为修持办道是出家人的事，布施供养是在家人的事。其实，佛法不是出家人的专利，佛法是属于一切人的；修持不是秘密的事，出家人固然要修持，在家人也是要修持；出家人固然要教在家人布施供养，更要指导在家人来如法修持。信佛而不亲自修持，便得不到信佛的确切受用；佛法如不让大家来普遍地实践，也就收不到化世的理想效果。

因此，我要大声疾呼："打开佛法餐厅"

的大门，让所有患着精神饥渴病的人们，都来尽情地飨用吧！因为佛法不仅是用来点缀寺院的，佛法更是为了纾解众生的饥渴（痛苦）而出现的。

（选自《学佛知津》）

附录

信佛而不亲自修持，
便得不到信佛的确切受用；
佛法如不让大家来普遍地实践，
也就收不到化世的理想效果。

其他参考篇章

（以圣严法师著作中，有关禅修入门指导为主）

1. 佛教的修行方法

《佛教入门》·法鼓文化出版

2. 学佛的基础

《佛教入门》·法鼓文化出版

3. 在大死一番后，创造一个空的“自我”

《圣严法师心灵环保》·正中书局出版

4. 禅修入定方法

《圣严法师教禅坐》·法鼓文化出版

5. 禅修的功能

《圣严法师教禅坐》·法鼓文化出版

6. 禅修方法的演变

《禅的世界》·法鼓文化出版

7. 矛盾与统一

《禅的生活》·法鼓文化出版

8. 安心

《禅的生活》·法鼓文化出版

9. 老鼠入牛角

《禅的生活》·法鼓文化出版

10. 无心

《禅的生活》·法鼓文化出版

11. 禅——内外和平

《禅与悟》·法鼓文化出版

12. 禅悟与静坐

《禅与悟》·法鼓文化出版

13. 禅修的要领（一）

《禅论》·法鼓文化出版

关键字检索

（以圣严法师所有著作为范围）

关键字	书名	篇名
入定	禅的体验·禅的开示	东初禅寺第五十九期禅七
	禅与悟	禅与悟
	心的诗偈—信心铭讲录	万法一如
入定境	拈花微笑	善与恶
三昧	禅的体验·禅的开示	东初禅寺第五十九期禅七
一行三昧	拈花微笑	中国的维摩—庞居士
	拈花微笑	最上一层楼

关键字	书名	篇名
	禅的体验·禅的开示	中国禅宗的禅
三解脱、空、无相、无愿	禅与悟	禅与悟
	禅门	人生观的层次
三慧（闻思修）	汉藏佛学同异答问	禅境·闻思修
三种智慧	圣严法师教禅坐	禅修的功能
三学（戒定慧）	佛教入门	在家居士如何学佛
	拈花微笑	禅的修行与体验

关键字	书名	篇名
	佛教入门	佛教的伦理观
	拈花微笑	最上一层楼
	禅的世界	生命与时空
	佛教入门	怎样修持解脱道
三学的实践	禅的世界	禅与艺术
大死	心的诗偈—信心铭讲录	万法一如
大死一番	拈花微笑	活路与绝路

关键字	书名	篇名
	禅的生活	老鼠入牛角
不拒也不迎	拈花微笑	狭路相逢
不抵抗	禅与科学	禅的本质
不思善、不思恶	拈花微笑	善与恶
不动心	禅与悟	禅与悟
	拈花微笑	守一与守心
不贪静境	禅论	禅修的要领（二）

关键字	书名	篇名
不管它	禅的生活	无有恐怖
不管身体反应	禅的生活	无心
五蕴	禅的世界	生命与时空
	禅与悟	时空与生命的超越
心	佛教入门	唯名与唯心
	佛教入门	清明心的重要
	禅的世界	禅与人生（一）

关键字	书名	篇名
	禅与悟	禅——人类意识
心是什么	禅门	清明心的重要
心念的统一	禅与悟	禅——担水砍柴
统一	禅的生活	矛盾与统一
统一心	心的诗偈—信心铭讲录	法与异法
	禅的世界	禅是什么
心统一的三个层次	禅论	禅修的要领(一)

关键字	书名	篇名
	禅的世界	禅——自我的消融
	禅与悟	禅——内外和平
身心合一	禅的世界	禅坐的基础方法
	禅论	禅修的要领（一）
	禅论	禅修的要领（二）
身心统一	圣严法师教禅坐	一般佛法开示
	禅与悟	法喜与禅悦

关键字	书名	篇名
内心世界统一	禅的生活	矛盾与统一
内外成片	禅论	禅修的要领(一)
内外统一三步骤	禅与悟	禅——担水砍柴
内外境界统一	圣严法师教禅坐	一般佛法开示
前后际断	禅的生活	矛盾与统一
念念统一	圣严法师教禅坐	一般佛法开示
心理不平衡的原因	禅与悟	禅——心理健康

关键字	书名	篇名
心理烦恼五大类	禅与悟	禅——心理健康
止与动	心的诗偈—信心铭讲录	正信调查
止观	禅的体验·禅的开示	从印度禅到中国禅
	禅与科学	禅的本质
止观均等	佛教入门	怎样修持解脱道
出离心	佛教入门	学佛与日常生活
	拈花微笑	放下与担起

关键字	书名	篇名
	汉藏佛学同异答问	菩萨戒·修证次第·出离心及菩提心
	禅的体验·禅的开示	农禅寺第四十期禅七
只要继续不断用方法	心的诗偈—信心铭讲录	非有非空
只管方法	心的诗偈—信心铭讲录	至道无难
只管打坐	禅的体验·禅的开示	中国禅宗的禅
	禅论	禅修要领（一）
	禅论	禅修要领（二）

关键字	书名	篇名
只管用功	心的诗偈—信心铭讲录	一种平怀
只管现在	禅论	禅修要领（一）
现在三个层次	心的诗偈—信心铭讲录	信心不二
四弘誓愿	禅的体验·禅的开示	禅的悟境与魔境
四正断	禅的体验·禅的开示	从印度禅到中国禅
四无量心	禅与悟	禅与悟
四圣谛	拈花微笑	生死事大

关键字	书名	篇名
	禅与悟	时空与生命的超越
	佛教入门	原始佛教
四禅八定的定	禅论	禅修要领（一）
四禅天	禅与悟	禅与悟
四禅的心理与生理	禅的体验・禅的开示	禅的源流
四无色定的修行过程	禅的体验・禅的开示	禅的源流
平常心	禅与悟	禅与悟

关键字	书名	篇名
	禅论	禅修要领（一）
平常心是道	拈花微笑	休闲与修行
	禅与悟	禅与悟
平常生活中用功	佛教入门	在家居士如何学佛
平常的生活	禅与悟	禅—担水砍柴
平等、不二	心的诗偈—信心铭讲录	非有非空
平等心	心的诗偈—信心铭讲录	一种平怀

关键字	书名	篇名
打坐	法鼓钟声	打坐不等于修行
三分钟静坐法	禅的世界	理性与感性
打坐的功能	禅与悟	禅与现代人的生活
	圣严法师教禅坐	禅修的功能
打坐的目的	般若	禅坐的导向与观念
	禅的世界	禅坐的基础方法
	禅的生活	知与觉

关键字	书名	篇名
打坐的先决条件	禅的生活	道不在坐
打坐的要领	般若	打坐的要领
打坐时发愿	禅的世界	禅—自我的提升
打坐时间	圣严法师教禅坐	禅修方法指导
未到地定	佛心众生心	开悟的层次
正知正见	佛教入门	学佛的基础
用功的方法	禅门呓语	禅七开示录

关键字	书名	篇名
用意识，不用妄想	禅门呓语续集	道在平常生活中
有意无意用方法	禅论	禅修要领（二）
放松身心用方法	禅的体验·禅的开示	东初禅寺第五十八期禅七
放松身心用	禅论	禅修要领（二）
自然、任性	心的诗偈—信心铭讲录	任性合道
轻松地用功	心的诗偈—信心铭讲录	梦幻空华
松紧得宜	禅论	禅修要领（二）

关键字	书名	篇名
洁念修行	禅的体验·禅的开示	农禅寺第四十期禅七
不攀缘	心的诗偈—信心铭讲录	任性合道
不洁念	心的诗偈—信心铭讲录	任性合道
以智慧用方法	禅的体验·禅的开示	东初禅寺第五十八期禅七
因缘因果	佛教入门	因果与因缘
	拈花微笑	因缘果法
妄念	般若	禅的问答

关键字	书名	篇名
	禅的体验·禅的开示	舍
	禅的体验·禅的开示	东初禅寺第五十九期禅七
	禅的体验·禅的开示	禅的入门方法
妄想	拈花微笑	狭路相逢
	禅的体验·禅的开示	农禅寺第四十期禅七
妄念的处理	般若	禅的问答
调伏妄念	禅的生活	老鼠入牛角

关键字	书名	篇名
调伏烦恼	拈花微笑	在家与出家
对治妄念	圣严法师教禅坐	禅修方法指导
对治昏沉与散乱	禅的体验·禅的开示	东初禅寺第五十八期禅七
守一与守心	拈花微笑	守一与守心
安心	禅的体验·禅的开示	东初禅寺第五十七期禅七
	禅与悟	禅—担水砍柴
自我	佛教入门	自私与无我

关键字	书名	篇名
	禅的世界	禅—自我的消融
	禅的世界	禅—自我的提升
自我的消融	禅的世界	禅—自我的消融
放下自我	禅的世界	智慧与福报
肯定自我	禅门	人生观的层次
提升自我	禅门	人生观的层次
消融自我	禅门	人生观的层次

关键字	书名	篇名
自修与共修	学佛群疑	个人自修与集体共修有什么不同
	禅的体验·禅的开示	东初禅寺第五十九期禅七
坐禅	禅与悟	禅与悟
坐禅三个阶段	禅的体验·禅的开示	从小我到无我
坐禅的功能	禅的体验·禅的开示	坐禅的功能
打坐时的身心反应	圣严法师教禅坐	禅修的功能
身心反应	圣严法师教禅坐	禅修方法指导

关键字	书名	篇名
	学佛群疑	附录：禅修疑难解
	禅的体验·禅的开示	农禅寺第四十期禅七
	禅的生活	无有恐怖
身心反应的处理	禅的世界	禅坐的基础方法
身体反应	禅的体验·禅的开示	农禅寺第四十期禅七
	禅论	“五停心观”修行法
	禅论	禅修的要领（一）

关键字	书名	篇名
身心反应的处理	心的诗偈—信心铭讲录	至道无难
气动	禅论	禅修的要领(一)
头痛	禅的体验·禅的开示	农禅寺第四十期禅七
各种疼痛	禅的体验·禅的开示	农禅寺第四十期禅七
胸部闷	禅的体验·禅的开示	农禅寺第四十期禅七
控制呼吸	禅的体验·禅的开示	东初禅寺第五十七期禅七
昏沉	心的诗偈—信心铭讲录	任性合道

关键字	书名	篇名
	禅论	禅修的要领（一）
	禅的体验·禅的开示	农禅寺第四十期禅七
昏沉与散乱	禅的体验·禅的开示	东初禅寺第五十七期禅七
昏沉对治法	禅的体验·禅的开示	东初禅寺第五十七期禅七
散乱	禅论	禅修的要领（一）
散乱与妄想	禅的生活	锻炼心
散乱与昏沉	禅与科学	禅的本质

关键字	书名	篇名
散乱的原因	禅的体验·禅的开示	东初禅寺第五十八期禅七
制心	拈花微笑	守一与守心
	拈花微笑	守一与守心
制心法	拈花微笑	守一与守心
孤立三步骤	禅门呓语续集	道在平常生活中
孤立三个层次	禅的体验·禅的开示	农禅寺第四十期禅七
孤立三层次	禅门呓语续集	脱胎换骨记

关键字	书名	篇名
孤立四阶段	心的诗偈—信心铭讲录	无分无别
孤立的层次	心的诗偈—信心铭讲录	智者无为
定慧不二	拈花微笑	最上一层楼
即定即慧	圣严法师教禅坐	一般佛法开示
即定即慧的禅境	拈花微笑	新与旧
即慧即定	禅论	禅修的要领（一）
念佛	禅论	禅修的要领（二）

关键字	书名	篇名
念佛数数	圣严法师教禅坐	禅修方法指导
放下	禅的生活	放下万缘
	心的诗偈—信心铭讲录	至道无难
放下、提起	拈花微笑	放下与担起
	禅的世界	提起与放下
	禅的世界	提得起，放得下
放松	禅的体验·禅的开示	农禅寺第四十期禅七

关键字	书名	篇名
	禅门呓语续集	脱胎换骨记
放松身心	禅论	放松身心
	法鼓钟声	放松身心的妙方
	圣严法师教禅坐	禅修方法指导
	圣严法师教禅坐	禅修的功能
	禅论	自序
	心的诗偈—信心铭讲录	至道无难

关键字	书名	篇名
放松身体的方法	禅的世界	禅坐的基础方法
空有的层次	禅的世界	禅与人生（一）
	禅的生活	禅与人生
信心	禅的体验·禅的开示	农禅寺第四十期禅七
	禅的体验·禅的开示	禅的悟境与魔境
信心四个层次	禅的体验·禅的开示	东初禅寺第五十九期禅七
修行	拈花微笑	降魔

关键字	书名	篇名
修行	心的诗偈—信心铭讲录	觉知烦恼
修行三个层次	禅的体验·禅的开示	农禅寺第四十期禅七
修行目的与方法	禅的生活	事与心
修行法门的正与邪	禅的生活	正与邪
修行的方法	禅与悟	法喜与禅悦
修行的方法两大要则	禅的体验·禅的开示	东初禅寺第五十九期禅七
修行的道路及方法	禅与悟	正道与邪道

关键字	书名	篇名
修行的过程	心的诗偈—信心铭讲录	一心不生
修行的态度	拈花微笑	降魔
修行的态度四个层次	拈花微笑	生死事大
修行的层次	禅的世界	禅是什么
	禅论	觉后空空无大千
修行的观念三要则	禅的体验·禅的开示	东初禅寺第五十九期禅七
修行要则	禅的体验·禅的开示	东初禅寺第五十九期禅七

关键字	书名	篇名
修行境界	禅的体验·禅的开示	禅定·禅·神秘主义
修行态度和基本原则	心的诗偈—信心铭讲录	非有非空
修行禅定	拈花微笑	休闲与修行
修定	禅与悟	禅与悟
修持	佛教入门	怎样修持解脱道
修智慧的方法	佛教入门	学佛的基础
修禅定的方法	佛教入门	学佛的基础

关键字	书名	篇名
动中禅	禅的世界	禅与生活
动静如一	禅与科学	禅的本质
动静一体	禅与悟	六祖坛经的思想
舍	禅的体验·禅的开示	舍
舍的层次	禅的体验·禅的开示	舍
智慧	佛教入门	在家居士如何学佛
	佛教入门	慈悲与智慧

关键字	书名	篇名
	禅的世界	禅的智慧
智慧即是大定	拈花微笑	最上一层楼
减轻烦恼四层次	禅的世界	禅的知与行（一）
无分别	禅与悟	有分别与无分别
无分别心	心的诗偈—信心铭讲录	无分无别
	心的诗偈—信心铭讲录	无分无别
无心	心的诗偈—信心铭讲录	一心不生

关键字	书名	篇名
	拈花微笑	新与旧
无心两个层次	禅的生活	无心
无住	禅与悟	六祖坛经的思想
无我	佛教入门	自我与无我
	佛教入门	佛教的伦理观
	禅的世界	禅的智慧
	禅的生活	放下万缘

关键字	书名	篇名
	禅与悟	时空与生命的超越
	禅与悟	禅—担水砍柴
	禅论	觉后空空无大千
无我两层次	禅与悟	有分别与无分别
无我的空观	禅的世界	积极的人生观
无我相	禅的世界	理性与感性
无念	心的诗偈—信心铭讲录	任性合道

关键字	书名	篇名
无念、无住、无相	禅与悟	六祖坛经的思想
	禅的世界	禅修方法的演变
	拈花微笑	有与无
	禅的世界	禅的智慧
	禅的世界	禅与生活
	禅的体验·禅的开示	农禅寺第四十期禅七
无相	禅的世界	理性与感性

关键字	书名	篇名
无所求	禅的生活	真与假
	禅的生活	无有恐怖
无常	佛教入门	佛教的伦理观
无常与无我	禅的世界	无常与无我
无得失心	禅的体验·禅的开示	无得失心
发菩提心	禅的世界	积极的人生观
	禅论	禅修的要领（二）

关键字	书名	篇名
菩提心	佛教入门	学佛与日常生活
	汉藏佛学同异答问	菩萨戒·修证次第·出离心及菩提心
	禅的体验·禅的开示	农禅寺第四十期禅七
慈悲	佛教入门	慈悲与智慧
慈悲心	佛教入门	学佛与日常生活
	禅的体验·禅的开示	农禅寺第四十期禅七
慈悲三层次	禅门	自私与无我

关键字	书名	篇名
慈悲三层次	禅的世界	理性与感性
慈悲四原则	禅与悟	禅—心理健康
慈悲的智慧	禅的世界	理性与感性
慈悲观三个阶段	禅论	“五停心观”修行法
感恩	圣严法师教禅坐	禅修的功能
感恩报恩	佛教入门	原始佛教
业障	拈花微笑	降魔

关键字	书名	篇名
烦恼三类	禅与悟	禅—心理健康
经行	禅门呓语续集	道在平常生活中
经行方法	圣严法师教禅坐	禅修方法指导
经行时数息	禅论	“五停心观”修行法
快走三个层次	心的诗偈—信心铭讲录	正信调直
立禅	圣严法师教禅坐	禅修方法指导
解脱三种苦的方法	拈花微笑	佛法无边

关键字	书名	篇名
道	禅的世界	禅与人生（一）
道心	拈花微笑	放下与担起
惭愧	圣严法师教禅坐	禅修的功能
惭愧心	禅的世界	禅—自我的提升
惭愧与忏悔	禅的体验·禅的开示	东初禅寺第五十八期禅七
	禅的体验·禅的开示	东初禅寺第五十九期禅七
慧	佛教入门	怎样修持解脱道

关键字	书名	篇名
	禅的世界	四念处
慧的分类	禅论	续佛慧命
数妄念	禅的生活	矛盾与统一
数佛号	禅论	禅修的要领（二）
呼吸	禅的体验·禅的开示	禅的入门方法
呼吸不见	禅的体验·禅的开示	东初禅寺第五十九期禅七
	禅的体验·禅的开示	农禅寺第四十期禅七

关键字	书名	篇名
方法不见	心的诗偈—信心铭讲录	觉知烦恼
数字忘掉	禅的生活	真与假
呼吸的方式	禅的体验·禅的开示	禅的入门方法
呼吸的重心	禅的体验·禅的开示	坐禅的功能
呼吸与心情的关系	圣严法师教禅坐	禅修方法指导
呼吸观	禅的体验·禅的开示	东初禅寺第五十九期禅七
数息	禅的体验·禅的开示	禅的入门方法

关键字	书名	篇名
	禅论	禅修的要领（一）
	禅论	禅修的要领（二）
数息方法	禅的体验·禅的开示	东初禅寺第五十七期禅七
	禅的体验·禅的开示	东初禅寺第五十八期禅七
数息易犯的毛病	禅的世界	禅坐的基础方法
数息法	圣严法师教禅坐	禅修方法指导
	圣严法师教禅坐	禅修方法指导

关键字	书名	篇名
	禅论	“五停心观”修行法
数息的方法	禅的世界	禅坐的基础方法
数息的益处	禅的世界	禅坐的基础方法
数息的层次	禅的体验·禅的开示	农禅寺第四十期禅七
数息观的层次	禅论	“五停心观”修行法
数数念佛	禅的世界	禅坐的基础方法
练心	禅论	禅与悟—无常无我、理入行入

关键字	书名	篇名
调心	禅的体验·禅的开示	禅的入门方法
调心方法	圣严法师教禅坐	禅修方法指导
	禅的体验·禅的开示	禅的入门方法
调心的七个历程	禅的体验·禅的开示	禅的入门方法
调身	禅的体验·禅的开示	禅的入门方法
调身、调息、调心	禅的体验·禅的开示	禅的入门方法
调息	禅的体验·禅的开示	禅的入门方法

关键字	书名	篇名
调息四个层次	禅与悟	禅悟与静坐
调息的方法	禅的体验·禅的开示	禅的入门方法
学佛的通途	拈花微笑	在家与出家
随息	禅的体验·禅的开示	禅的入门方法
	禅论	禅修的要领（一）
	禅论	禅修的要领（二）
随息三个阶段	禅论	“五停心观”修行法

关键字	书名	篇名
静坐、禅定与禅的不同	禅的世界	禅修方法的演变
静坐应注意事项	禅与悟禅	悟与静坐
静坐应注意事项	佛教入门	怎么修持解脱道
打坐时间	圣严法师教禅坐	禅修方法指导
身体的重心	禅的体验·禅的开示	东初禅寺第五十九期禅七
暖身运动	圣严法师教禅坐	禅修方法指导
运动的方法	禅的体验·禅的开示	禅的入门方法

关键字	书名	篇名
起坐前心先动	圣严法师教禅坐	禅修方法指导
起坐前的全身按摩	圣严法师教禅坐	禅修方法指导
头部运动	圣严法师教禅坐	禅修方法指导
禅佛教的心病疗法	禅与悟	禅—心理健康
禅坐的三个层次	圣严法师教禅坐	禅修的功能
禅坐的功用	般若	禅坐
禅坐的初步目的	禅门	安心之道

关键字	书名	篇名
禅坐的基本观念	般若	禅坐的导向与观念
禅那	禅与悟	禅与悟
禅的分类	禅与科学	禅的本质
禅的方法	禅的世界	禅与生活
	禅与悟	自序
禅的功能	禅的体验·禅的开示	从小我到无我
禅的锻炼功能	拈花微笑	休闲与修行

关键字	书名	篇名
禅的修行方法三阶段	禅与悟	禅—外、一、无
禅的修行次第	心的诗偈—信心铭讲录	非有非空
禅的层次	禅与悟	禅与现代人的生活
禅者用功次第	学佛群疑	附录：禅修疑难解
禅修三个原则	禅的体验·禅的开示	东初禅寺第五十七期禅七
禅修三个层次	禅的体验·禅的开示	东初禅寺第五十七期禅七
禅修三原则—观、照、提	禅论	放松身心

关键字	书名	篇名
禅修三要诀—观、照、提	禅的体验·禅的开示	东初禅寺第五十八期禅七
观、照、提	禅的世界	禅—自我的消融
禅修三阶段	心的诗偈—信心铭讲录	觉知烦恼
禅修五个基本项目	禅论	禅修的要领(一)
禅修心态：只顾耕耘	禅的体验·禅的开示	农禅寺第四十期禅七
禅修方法	圣严法师教禅坐	禅修方法指导
	禅的世界	现代佛教与生活

关键字	书名	篇名
	禅的体验·禅的开示	农禅寺第四十期禅七
禅修方法四种	禅论	禅修的要领(二)
静中平衡情绪的方法	禅门	理性与感性
动中平衡情绪的方法	禅门	理性与感性
禅修功能	圣严法师心灵环保	禅师的心路历程·禅修的真正意义
禅修目的	圣严法师心灵环保	禅修,为目的而来,无目的而回
	禅论	自序

关键字	书名	篇名
	禅门	安心之道
禅修作用	禅的体验·禅的开示	东初禅寺第五十九期禅七
禅修四要件	心的诗偈—信心铭讲录	非有非空
禅修四通则	禅的体验·禅的开示	禅的悟境与魔境
禅修的四项基本条件		
大信心、大愿心、大惭愧心、大决心	禅论	禅修的要领（一）
禅修的基本观念	禅论	禅修的要领（一）

关键字	书名	篇名
禅修者心态	禅的体验·禅的开示	调琴
	禅论	禅修与信仰
禅修者正确的心态	禅门修证指要	自序
禅修者正确的心态		
对禅修的误解	禅门修证指要	自序
求悟	拈花微笑	大与小
贪着静境	心的诗偈—信心铭讲录	莫存顺逆

关键字	书名	篇名
期待心	心的诗偈—信心铭讲录	二见不住
禅修者生活的原则	禅的体验·禅的开示	东初禅寺第五十八期禅七
禅修者的世界观	禅的世界	禅与艺术
修阶次	禅的世界	生命的圆融
禅修阶段	禅的世界	禅与艺术
禅修观念	禅论	自序
禅修受用	拈花微笑	自序

关键字	书名	篇名
禅悟与静坐	禅与悟	禅悟与静坐
禅与禅定	禅的体验·禅的开示	禅定·禅·神秘主义
禅定的修学要点和层次	佛教入门	在家居士如何学佛
禅修不得力	禅的体验·禅的开示	东初禅寺第五十八期禅七
炼心三个层次	禅的生活	锻炼心
锻炼心	禅的生活	锻炼心
锻炼身心的方法	禅的体验·禅的开示	自序

关键字	书名	篇名
礼拜的四种方法	禅的体验·禅的开示	东初禅寺第五十八期禅七
无相礼拜	禅的体验·禅的开示	农禅寺第四十期禅七
	禅门呓语续集	道在平常生活中
无相礼拜三个阶段	禅的体验·禅的开示	东初禅寺第五十八期禅七
	禅的体验·禅的开示	农禅寺第四十期禅七
	心的诗偈—信心铭讲录	正信调直
忏悔	拈花微笑	狭路相逢

关键字	书名	篇名
	禅的世界	禅—自我的提升
	禅门呓语续集	脱胎换骨记
	禅的体验·禅的开示	农禅寺第四十期禅七
	禅的体验·禅的开示	东初禅寺第五十八期禅七
觉照	汉藏佛学同异答问	无常观与不净观
觉知烦恼	心的诗偈—信心铭讲录	觉知烦恼
觉察烦恼	拈花微笑	在家与出家

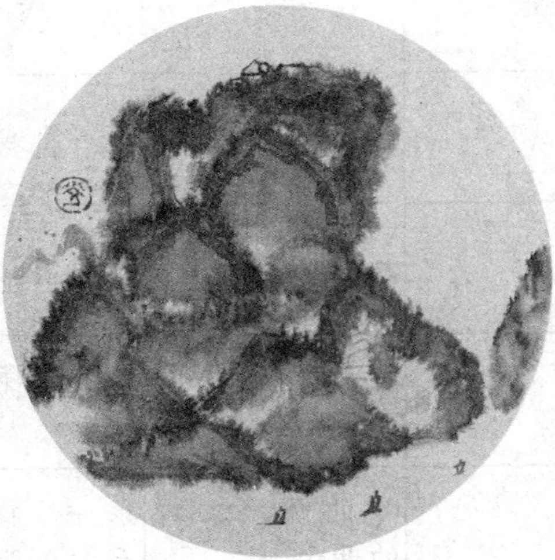